El único libro de Hoodoo para principiantes que necesitarás

Los hechizos mágicos más efectivos en Rootwork y Conjuros con hierbas, raíces, velas y aceites

Layla Moon

Índice

Índice

Layla Moon

4 Libros GRATIS

Para ayudarte en tu viaje espiritual, he creado 4 libros electrónicos gratuitos.

Puedes obtener acceso instantáneo suscribiéndote a mi boletín de correo electrónico a continuación.

Además de los 4 libros gratuitos, también recibirás consejos semanales junto con sorteos de libros gratuitos, descuentos y mucho más.

Todas estas bonificaciones son 100% gratuitas y sin compromiso. No necesitas proporcionar ninguna información personal excepto tu dirección de correo electrónico.

Para obtener tu bonificación, dirígete a:

https://dreamlifepress.com/four-free-gifts

O escanee el código QR a continuación

Layla Moon

Espíritus guías para principiantes: Cómo escuchar el llamado del universo y comunicarte con tus espíritus guías y tus ángeles guardianes

Guiada por la propia Moon, inspirada en sus propias experiencias y en los conocimientos que han transmitido cientos de generaciones durante miles de años, descubrirás todo lo que necesitas saber para;

- Comprender cuál es la llamada del universo

- Cómo escucharla y descifrarla

- Saber quiénes son tus guías espirituales y tus ángeles de la guarda

- Aprender a conectar, iniciar una conversación y escuchar a tus guías

- Cómo manifestar tus sueños con la ayuda de la fuente cósmica

- Aprender a vivir la vida que quieres vivir

- Y mucho más...

Ley de la atracción: Manifiesta tu deseo

Aprende a aprovechar el poder infinito del universo y a manifestar todo lo que deseas en la vida.

Incluye:

- La Ley de la Atracción: Manifiesta tu deseo ebook
- Libro de ejercicios de la ley de la atracción
- Hojas de trucos y listas de comprobación para asegurarte de que vas por el buen camino

Libro de hechizos Hoodoo para principiantes: Hechizos fáciles y efectivos de trabajo de raíces, conjuros y protección para la curación y la prosperidad

Aprovecha el poder de una de las mayores magias. El Hoodoo es una fuerza poderosa ideal para mantener a raya la negatividad, fomentar la positividad en todos los ámbitos de la vida, ofrecer protección a las cosas que amas y, en definitiva, tomar las riendas de tu destino.

En su interior, descubrirás:

- Cómo iniciarte en el Hoodoo en la vida cotidiana
- Cómo utilizar hechizos de conjuro para manifestar la vida que quieres vivir
- Cómo los hechizos de protección pueden ayudarte a soportar los momentos más difíciles
- Rompe los ciclos de mala suerte y promueve la buena fortuna a lo largo de tu vida
- Hoodoo para fomentar la prosperidad y la estabilidad financiera
- Cómo curar con la magia Hoodoo los traumas y problemas, tanto a corto como a largo plazo.
- Elimina las maldiciones y destierra el dolor, el sufrimiento y la negatividad de tu vida
- Y mucho más...

Libro de las Sombras

Un PDF imprimible para ayudarte en tu transformación espiritual.

En sus páginas encontrarás:

- Hoja de registro de pociones y tinturas
- Páginas de registro de aceites esenciales
- Páginas de registro de hierbas
- Lista de control de rituales mágicos y objetivos corporales espirituales
- Hojas de lectura del Tarot
- Seguimiento semanal de la luna y los ciclos planetarios
- Y mucho más...

Consigue todos los recursos GRATIS visitando el siguiente enlace

https://dreamlifepress.com/four-free-gifts

Introducción

Una misteriosa mujer de piel oscura está sentada en una oscura choza, iluminada únicamente por la luz de la luna. Calaveras, cabezas encogidas y pentagramas decoran el espeluznante entorno mientras sacrifica sin piedad a un pollo con una mirada de enloquecida. Toma un muñeco de tela con ojos de botón y ríe a carcajadas mientras le clava un alfiler en el corazón. En algún lugar, un hombre inocente se agarra el pecho y cae muerto.

La misma escena se ha reproducido en el cine y la televisión una y otra vez como una representación sensacionalista de lo que la mayoría de la sociedad estadounidense piensa cuando oye la palabra "Hoodoo". Evoca un peligro exotizado, una imagen de bruja que contrasta con las brujas equilibradas, elegantes y blancas de series como *American Horror Story*. Aunque las actitudes públicas hacia la brujería se han suavizado en los últimos años, especialmente con el fin del "Pánico Satánico", esa imagen relajada ha beneficiado principalmente a formas de brujería asociadas con la blanquitud. El misticismo irlandés, la

Wicca, los cristales y la astrología son partes aceptadas del *new-age* moderno. Sin embargo, el Hoodoo sigue siendo objeto de desinformación, confusión y apropiación. Muchos de los hechizos y prácticas que comparten las jóvenes brujas blancas de hoy en día provienen del Hoodoo, pero rara vez se les da el crédito adecuado por el simple hecho de que pocas personas no pertenecientes a esta práctica saben realmente lo que es el Hoodoo.

Definir el Hoodoo no es una tarea sencilla. Es un complejo tapiz de culturas e historia que nació en África como la vida misma. Entretejidas en el Hoodoo están las historias de los antepasados negros que se habrían perdido sin esta práctica. Los practicantes modernos comprenden la importancia de esa práctica y trabajan incansablemente para sacarla de las sombras y mantenerla viva. Al leer este libro, tú también serás parte de mantener viva esa historia como tantos otros que vinieron antes.

Capítulo 1

¿Qué es el Hoodoo?

No hay respuestas rápidas y fáciles a la pregunta de qué es el Hoodoo. Esta poderosa práctica es profundamente compleja y está entretejida con la cultura y la historia de la diáspora africana. Hoodoo significa algo diferente para cada practicante y cada comunidad. A pesar de las imágenes que a menudo asociamos con el Hoodoo, su aspecto también es diferente. Sin el conocimiento de la cultura y la práctica, muchas personas no serían capaces de identificar a un practicante o un hechizo Hoodoo si lo vieran.

Las mentiras y los estereotipos sobre la naturaleza del Hoodoo han dificultado el conocimiento de esta práctica, diluyendo la información con falsedades. Muchos de los textos sobre Hoodoo fueron escritos por personas blancas ajenas a la práctica que aportaron sus prejuicios e ignorancia a su supuesta "investigación". El Hoodoo es inherentemente amenazante para las estructuras de poder dominantes que buscan oprimir y forzar a la gente a la asimilación. Tanto si lees este libro para convertirte en un practicante o simplemente para ampliar tus conocimientos sobre una hermosa práctica, educarte sobre el Hoodoo es un viaje revolucionario en sí mismo.

Magia popular

Hoodoo cae bajo el gran paraguas de la magia popular. La magia popular se refiere a las prácticas espirituales realizadas por la gente común de una determinada comunidad. Esto difiere de las formas de magia ceremonial que son practicadas sólo por las élites o personas dentro de una clase social en particular. Al ser practicadas por la gente común, estas prácticas espirituales existen para servir a asuntos prácticos. Lejos de intentar grandes guerras espirituales, cambios de forma o poderes mágicos, la magia popular suele tener como objetivo la salud, el bienestar emocional, la fertilidad y la riqueza. Las herramientas de la magia popular son igualmente comunes, y muchas prácticas utilizan piedras, hierbas y productos animales.

Otro aspecto importante de la magia popular es que se transmite de generación en generación. Algunas prácticas mágicas, como la Wicca o la sanación con cristales, son muy individualistas, ya sea porque se crearon fuera de un contexto comunitario o porque se han divorciado y apropiado tanto de su fuente original que han perdido su significado cultural. Las prácticas de magia popular están envueltas en la identidad étnica y cultural de un pueblo en particular. A medida que estas prácticas se enseñan de persona a persona, absorben nuevos conocimientos y se adaptan a contextos cambiantes. Afectan a las personas dentro de la cultura aunque no las practiquen. Las prácticas de magia popular también son distintas de las religiones. Las religiones tienen jerarquías específicas, roles designados, textos canonizados y estructuras internas estrictas que la gente de la religión tiene que acatar. Mientras que las prácticas de magia popular tienen creencias, prácticas y conceptos comunes, cada practicante actúa por su cuenta.

Existen muchas prácticas de magia popular en América, como la magia de las montañas Apalaches y el *Hex-Work*, siendo el Hoodoo una de ellas. La magia popular Hoodoo, también conocida como conjuro o Rootwork o yerbatería, es específica de los descendientes negros de esclavos. Nació de una combinación única de espiritualidad africana, cristianismo y prácticas de los Nativos Americanos que surgió a medida que las personas esclavizadas trabajaban para protegerse y para aferrarse a una identidad étnica y cultural única.

Aunque a menudo estas palabras se utilizan indistintamente, el Hoodoo es distinto del Voodoo. El vudú es una religión que se originó en África Occidental y, por esa razón, existen muchas similitudes espirituales y prácticas entre ella y el Hoodoo. Sin embargo, muchos practicantes de Hoodoo no se adhieren a la religión vudú.

Creencias fundamentales del Hoodoo

Cada practicante de Hoodoo incorpora a su práctica su propia visión del mundo, moralidad y creencias religiosas. Sin embargo, hay creencias específicas dentro del Hoodoo que influyen en la práctica. Un conjurador necesita entender y acatar estas reglas para evitar el riesgo de causar daño espiritual a sí mismo o a otros.

Propósito

El Hoodoo existe como un medio para que nosotros los humanos, como seres físicos, podamos acceder al mundo espiritual e influir en nuestra vida cotidiana. Podemos hacerlo acudiendo a los espíritus para que nos presten su sabiduría y poder espiritual, debido a la espiritualidad que existe en nuestro mundo físico. El Hoodoo nos da el control espiritual sobre nuestras vidas, algo que no tenía precio para nuestros antepasados, a quienes se les negaba tanto el poder sobre sus mentes y cuerpos.

Los Espíritus

Las religiones africanas a menudo se consideran politeístas debido a un malentendido del concepto de que Dios está en todas las cosas. En la cosmovisión Hoodoo, hay un creador, Dios, que interactúa con nosotros a través de todas las cosas en forma de espíritus. Los espíritus pueden influir en nuestras vidas y nosotros también podemos influir en ellos. Por ejemplo, los espíritus no pueden traspasar los límites o barreras espirituales. Sin embargo, pueden ser invitados y convocados para un propósito específico. Hay tipos distintos de espíritus con los que interactuamos de forma diferente.

Antepasados

La ascendencia es increíblemente importante para la práctica del Hoodoo, ya que creemos que podemos acceder a nuestros antepasados a través de esta práctica. La sangre es muy importante en el Hoodoo. Lleva no sólo quiénes somos, sino de dónde venimos. Maldiciones, bendiciones y energía espiritual pueden transmitirse de generación en generación. Al acceder a nuestra línea ancestral, podemos adquirir conocimientos y poder. Nuestros ancestros pueden responder a nuestras preguntas sobre nuestro pasado y nuestro futuro, ayudarnos en nuestros hechizos y ofrecernos protección. Tener acceso a nuestros antepasados es muy importante para quienes descendemos de esclavos. Muchos de nosotros no podemos rastrear nuestra ascendencia por medios tradicionales, ya que los matrimonios y nacimientos de personas esclavizadas no se registraban adecuadamente. El Hoodoo nos permite conectar con nuestros antepasados perdidos y reclamar nuestras identidades étnicas. La importancia de nuestros ancestros de sangre también está relacionada con uno de los aspectos más importantes, aunque controvertidos, del Hoodoo.

Dado que el Hoodoo es una práctica de magia popular, está vinculada a un grupo específico, el de los negros descendientes de esclavos. Por esa razón, el Hoodoo es una práctica cerrada, lo que significa que no es accesible a nadie excepto a las personas negras. Las personas que no son descendientes de esclavos no tienen acceso a la práctica ancestral y al conocimiento para participar en estas prácticas. Esto se ha convertido en un tema de conversación a medida que más y más gente aprende sobre el Hoodoo y el problema de la apropiación cultural. Hay tanto que se puede aprender comunicándose con otros practicantes de magia popular y educándose en prácticas fuera de tu cultura y etnia.

Sin embargo, si no formas parte de la diáspora africana, debes respetar el carácter sagrado de esta práctica y abstenerte de intentar participar en ella. Sin la guía y el poder de los ancestros negros, corres el riesgo de causarte daño espiritual a ti mismo o a los demás. También corres el riesgo de dañar a los verdaderos practicantes de Hoodoo y a la cultura en general al difundir información errónea.

Los Loa

Los Loa son las manifestaciones de Dios en el Vudú y a menudo son utilizados por los practicantes de Hoodoo de cualquier religión. Son espíritus que existen para que Dios interactúe con nosotros como humanos de una forma que podamos entender. El número de Loa puede ser infinito ya que cada día pueden nacer nuevos Loa. Son inmortales, pero pueden ser absorbidos de nuevo por el Dios creador cuando alcanzan sus objetivos. Vamos a entrar en más detalle sobre las particularidades de los Loa más adelante, pero al entender y relacionarnos con los Loa, podemos acceder a su poder y lograr nuestros objetivos a través del lanzamiento de hechizos.

Cristianismo

El Hoodoo está fuertemente influenciado por el Cristianismo, ya que las personas esclavizadas fueron obligadas a asimilarse a una sociedad cristiana. Aunque no es necesario ser cristiano para practicar el Hoodoo, en muchos aspectos es una práctica cristiana, y comprender estas similitudes puede ayudar a fortalecer tus conjuros.

La Biblia

En el Hoodoo, la Biblia es más que un texto sagrado. Es un talismán. Puede funcionar como fuente de protección y como libro de hechizos. También se puede utilizar la Biblia en hechizos dejándola abierta en una página específica y mirando en una dirección específica. A lo largo de la historia del Hoodoo hay numerosos relatos de esclavos que utilizaban la Biblia para curar maldiciones, la llevaban consigo para sobrevivir a situaciones peligrosas o incluso para lanzar maldiciones a sus enemigos.

Moisés

Moisés es increíblemente importante en la historia de la esclavitud, ya que la historia de un hombre guiando a su pueblo hacia la libertad fue un relato inspirador y fortalecedor que ayudó a muchos esclavos a prepararse espiritualmente para escapar. En el Hoodoo, Moisés es considerado el parangón de un conjurador Hoodoo. Sus milagros son vistos como hechicería Hoodoo, ya que fue capaz de utilizar lo espiritual para manipular el mundo físico y lograr un objetivo específico.

La vida después de la muerte

La especificidad del más allá depende de las creencias religiosas del conjurador. Sin embargo, el Hoodoo sostiene que existe una vida después de la muerte y que, al morir, hay una sustancia espiritual que se separa de nuestro cuerpo físico y pervive en el mundo espiritual. A través de la magia, podemos traspasar las barreras entre el reino físico y el espiritual e interactuar con los que están en el más allá.

Hechicería

La palabra "hechizo" suele evocar imágenes muy dramáticas y grandilocuentes. Aunque algunos hechizos pueden ser estéticamente más interesantes que otros, en realidad un hechizo consiste en que el individuo armonice sus acciones y sus intenciones para alcanzar un objetivo espiritual. Suele incluir un acto ritual y una combinación de objetos físicos. La magia Hoodoo sigue algunas reglas consistentes.

Magia simpática

El núcleo de la magia simpática es que todas las cosas están conectadas por cuerdas invisibles. Manipulando una cosa, puedes afectar otra. Este tipo de magia se divide en dos subcategorías: homeopática y contagiosa.

Magia Homeopática

La magia homeopática afirma que las cosas semejantes se atraen.

También se conoce como magia de imitación o magia de mimetismo. Vemos esto en la época paleolítica, ya que se teoriza que las pinturas de cacerías exitosas eran una forma de magia utilizada para manifestar la caza. Esta idea también se ha materializado en forma de supersticiones y tabúes en muchas culturas. Por ejemplo, el pueblo Inuit desaconseja a los niños los juegos en los que se enrollan cuerdas alrededor de los dedos por miedo a que se les enganchen en la red de un arpón.

Magia contagiosa

La magia contagiosa afirma que una vez que dos cosas entran en contacto, siempre estarán conectadas. Esto se aplica comúnmente en *taglocks*, una parte de la persona que se puede utilizar en hechizos mágicos para influir en ella. Suelen ser cosas como uñas, pelo o fluidos corporales. Los practicantes de Hoodoo suelen ser muy cautelosos a la hora de deshacerse de estas cosas por miedo a que caigan en las manos equivocadas y se utilicen en su contra.

Justicia retributiva

El Hoodoo sigue el principio moral general de causar el mayor bien posible en el mundo. Las fuerzas del bien y del mal existen y están en conflicto. Sin embargo, dentro de esta brújula moral, el Hoodoo permite a los practicantes dañar a otros en venganza o para castigar un acto. Se cree que cuando un practicante de Hoodoo está funcionando dentro de la voluntad de Dios, cualquier daño que haga también está dentro de la voluntad de Dios si Dios permite que el daño suceda. Este daño debe ser comparable al pecado que se castiga.

Magia negra

A veces, la magia negra se utiliza para referirse a toda la magia que daña a las personas. En este libro, la magia negra se refiere a hechizos dañinos que no tienen que atenerse a las limitaciones éticas de la justicia retributiva. Los hechizos de magia negra son destructivos y extremadamente poderosos. Debido a esto, son muy difíciles de lanzar y suponen un gran riesgo para el que los realiza. No sólo puedes lanzarlos incorrectamente y causar daño a ti y a los tuyos, sino que si la persona a la que estás maldiciendo es también un conjurador, corres el riesgo de que esa maldición te sea devuelta.

Terminología del Hoodoo

- Conjurador/Yerbareto o Curandero/Practicante: Una persona que practica Hoodoo.

- *Taglock*/Preocupaciones Personales: Algo asociado con una persona en particular debido al contacto físico con el cuerpo de la persona. Esto incluye una pieza de ropa, pelo, una firma o fluidos corporales.

- Altar: Un espacio espiritual utilizado para contactar espíritus y lanzar hechizos.

- Poner de cabeza/voltear: Cortar la punta de una vela y

alimentar una nueva mecha de abajo hacia arriba. Se utiliza para invertir las condiciones de la vela.

- Aceite de condición: Un aceite hecho para un propósito particular o para abordar un problema particular.

- Cruce: Un lugar donde dos caminos se encuentran y forman una X.

- Curiosidades: Objetos con propiedades espirituales como huesos, rocas y amuletos.

- Maldición: Un hechizo destinado a causar daño a alguien.

- Deidades: Seres espirituales a los que se rinde culto y con los que se trabaja.

- Adivinación: Acceder al mundo espiritual a través de un ritual para obtener información sobre el pasado, el presente o el futuro. Suele hacerse con huesos, cartas de tarot, velas o sueños.

- Establecer intenciones: Hacer una elección firme sobre lo que quieres y el resultado que deseas para un ritual mágico. Esto se puede hacer a través de la oración, la meditación, diciéndolo en voz alta o escribiéndolo.

- Ejecuciones: Encender una nueva vela con el mismo propósito que la anterior antes de esta se consuma por completo.

- Unción/Vestir/Ungir: Untar con aceite un objeto para invitar a la actividad espiritual, purificar y fijar una intención.

- Alimentar: Añadir aceite o agua espiritual a una bolsa de mojo para mantenerla espiritualmente fuerte y activa.

- Frasco de Miel/Frasco Endulzante: Un hechizo de frasco que utiliza un endulzante como miel, melaza o azúcar para "endulzar" una cosa en particular.

- Pie Caliente: Un hechizo que destierra o expulsa a una persona en particular.

- Corazón de Dama: Un practicante de Hoodoo que no causa daño a personas o animales.

- Encender las luces: Encender una vela y rezarle todas las noches hasta que se consuma.

- Cargar: Hacer un agujero en el fondo de una vela y llenarlo con algo como aceites, hierbas o polvos.

- Bolsa de Mojo: Un talismán hecho de una bolsa llena de curiosidades, hierbas o aceites que se lleva en el cuerpo con un propósito particular, como la protección.

- Envenenado por los Pies: Cuando una persona camina sobre un polvo o aceite que estaba destinado a hacerle daño.

- Papeles de Petición: Un pedazo de papel con objetivos escritos en él relacionados con un hechizo en particular.

- Vudú/Voudon/Vodou/Voodoo: Religión practicada principalmente en Luisiana, Haití, Cuba, República Dominicana y África Occidental.

- Trabajo/Hechizo: Ritual destinado a lograr un propósito concreto.

Conclusión

El Hoodoo puede parecer complicado, pero no dejes que eso te impida explorarlo más a fondo. A medida que comiences a aprender sobre Hoodoo y su rica y hermosa historia, tu propio camino para ser un conjurador comenzará a revelarse ante ti. Como práctica de magia popular, el Hoodoo no requiere que busques una iglesia, que te subordines a un clero o a un escalafón superior, o que te rijas por códigos de conducta estrictos. La belleza de la magia popular es que, aunque su práctica es altamente individualista, también conecta a la gente. A través de la práctica individual de la magia popular, tendrás acceso a tus antepasados negros y a una parte importante de la cultura negra que ha logrado sobrevivir todas estas generaciones a pesar de los mejores esfuerzos de los poderes establecidos.

CAPÍTULO 2

Historia del Hoodoo

La historia del Hoodoo es historia negra. Gran parte de la historia africana se ha perdido debido a la colonización y a los estragos del comercio de esclavos. Aunque hay mucha información que nunca podremos recuperar, el Hoodoo lleva consigo rastros de nuestra ascendencia africana que pueden ayudarnos a comprender mejor quiénes somos y de dónde venimos.

Orígenes africanos

Durante el comercio transatlántico de esclavos, entre 1514 y 1867, más de 12 millones de africanos fueron robados de sus tierras, obligados a vivir en condiciones inhumanas en barcos de carga y sometidos a una vida de abusos, servidumbre y deshumanización a manos de colonizadores y esclavizadores blancos. La mayoría de estos esclavos procedían de África occidental y central, y con ellos llegaron culturas, creencias y prácticas que aún hoy podemos ver, no sólo en el Hoodoo, sino en la cultura negra en su conjunto.

Bantú-Kongo

El pueblo Bantú-Kongo fue uno de los muchos grupos étnicos que sufrieron la esclavitud. Una de las cosas que obtenemos de ellos es el Cosmograma. Este símbolo es una imagen en forma de cruz que simboliza la salida y puesta del sol y el movimiento de la energía cósmica. Una línea representa el límite que separa el mundo físico del espiritual, mientras que la otra línea representa la barrera entre el dios creador y los espíritus de los muertos. Estos límites no son estrictos, ya que la energía y los seres pueden moverse a través de ellos. El agua se utiliza a menudo para simbolizar esta frontera, ya que las personas entran del reino espiritual al físico a través del agua del vientre materno. Los Cosmogramas se encuentran en muchas iglesias históricamente negras y en iglesias asociadas con el Ferrocarril Subterráneo en todo el sur de Estados Unidos. También están tallados en cuencos de arcilla que se utilizaban en rituales.

Los Bantú-Kongo también practicaban el Grito del Anillo, una danza en la que se movían en círculo en sentido antihorario para invocar el Cosmograma y acumular energía para poder acceder al reino espiritual. Esta danza se asemeja mucho a los gritos de la iglesia o a la "incorporación del Espíritu Santo" que vemos en la cultura negra.

En el Hoodoo, vemos al pueblo Bantú-Kongo en muchas prácticas, como el uso de bolsas de mojo, palos de conjuro utilizados en hechizos y la práctica de hacer árboles de botellas. En África, los Bantú-Kongo utilizaban objetos brillantes en sus casas y jardines para alejar el mal. Esta práctica evolucionó y la población negra, en concreto los practicantes del Hoodoo, cuelgan botellas de cristal en el exterior de sus casas para protegerse.

Yoruba

Los yoruba aportaron la importancia de las encrucijadas a la práctica del Hoodoo. Creían que el espíritu embustero Eshu-Elegba vivía en las encrucijadas y solían dejar ofrendas en ellas para apaciguarlo. También introdujeron la importancia del hierro. Los herreros eran muy venerados en su cultura por el uso que hacían del hierro y los espíritus asociados al metal. Durante la esclavitud, los esclavos acudían a los herreros en busca de liderazgo y protección. Las herraduras de caballo se utilizan a menudo como talismanes de protección.

Igbo

La práctica de verter bebidas sobre la tumba de una persona para honrar al difunto procede del pueblo Igbo, y aún la practican personas negras de todo el sur de Estados Unidos. También celebran dos entierros: el primero es físico y el segundo es una celebración de la vida de la persona, que podemos ver en las ceremonias de Regreso a Casa o Celebración de la Vida que suelen celebrar los afroamericanos después de un funeral tradicional.

Los Igbo también aportaron muchos conocimientos sobre hierbas que se utilizan como base de la yerbatería en el Hoodoo. Incluso hay historias de esclavos Igbo que envenenaban a sus amos.

Comercio de Esclavos

Una forma en que los esclavistas quebraban el espíritu de las personas que habían esclavizado para hacerlas más dóciles y obedientes era despojándolas de su cultura y espíritu. Al arrebatarles las creencias, los valores, las prácticas y la estética con las que habían crecido y que habían moldeado su sentido del yo, podían deshumanizar por completo a estas personas y dejarlas sin nada con lo que mantener un sentido de voluntad y de personalidad. Las religiones de África Occidental constituían una gran amenaza para los esclavizadores. Por un lado, eran extrañas y, desde la perspectiva de los esclavizadores blancos que veían todo lo que no procedía de Europa como bárbaro, peligroso y menos valioso, las religiones de África Occidental amenazaban los valores de la cultura blanca. Además, con la ausencia de sus religiones nativas, los esclavizadores podían utilizar el Cristianismo como arma para adoctrinar a los recién esclavizados y a los descendientes de los esclavos, haciéndoles creer que la esclavitud era su lugar natural en la vida. Es esta opresión la que da forma a cómo pasamos de las religiones de África Occidental a la magia popular Hoodoo.

Hoodoo en Estados Unidos

Aunque las leyes diferían de un estado a otro, las grandes reuniones de personas esclavizadas estaban estrictamente proscritas, debido al riesgo de que se celebraran reuniones religiosas y se planearan fugas o revueltas. Por lo tanto, las prácticas religiosas se hacían en secreto, y los esclavos recurrían a rezar bajo macetas para no ser oídos. Una forma que tenían de ocultar sus prácticas originarias era a través del Cristianismo.

Uno de los pocos puestos de liderazgo que podían ocupar los hombres esclavizados era el de predicador. Aunque tenían que practicar el Cristianismo, las personas esclavizadas ocultaban sus religiones nativas dentro de su práctica del Cristianismo y, con el tiempo, las dos empezaron a fundirse en su propia forma única de espiritualidad. El término Hoodoo no se utilizó hasta el final de la esclavitud, alrededor de 1870, y entonces se empleó como verbo. Hacer Hoodoo a alguien era lanzarle un hechizo. Con el tiempo, se convirtió en un sustantivo para describir todas las prácticas espirituales y de magia popular afroamericanas.

Dado que el Hoodoo era exclusivo de los esclavos afroamericanos, existió casi en su totalidad en el Sur hasta después de la emancipación y la primera Gran Migración, cuando miles de personas negras se trasladaron al Norte en busca de nuevas oportunidades. Los rituales también cambiaron para adaptarse al hecho de que mucha gente negra vivía en zonas urbanas sin acceso a bosques o ríos. Las personas negras pudieron empezar a vender artículos como velas, hierbas e incienso para el trabajo Hoodoo dentro de sus comunidades.

Las prácticas Hoodoo también influenciaron a las iglesias negras. Las danzas de alabanza, la incorporación de espíritus, el hablar en lenguas y las danzas espirituales extáticas de la iglesia negra se remontan a las raíces del Hoodoo en África Occidental. Los practicantes del Hoodoo solían ser asiduos feligreses y Cristianos devotos. Sin embargo, la asimilación y la necesidad de ser más aceptados por la sociedad blanca, en particular por los Cristianos blancos, llevó a muchas iglesias a rechazar estas prácticas con el paso del tiempo, aunque permanecieron presentes en la comunidad. Cuando la oración no funcionaba, muchas personas de las comunidades afroamericanas pobres que no tenían acceso a tratamiento médico acudían en secreto a los practicantes de Hoodoo en busca de sanación.

El Hoodoo también adopta una forma ligeramente diferente para los que están influenciados por el Catolicismo. Haití era una colonia francesa fuertemente influenciada por el Catolicismo. A pesar de las estrictas leyes que prohibían a los esclavos practicar sus religiones nativas, el Catolicismo dio a los practicantes de Hoodoo y Vudú una oportunidad única para ocultar sus prácticas nativas. Mediante la representación de los Loa en los santos Católicos, pudieron practicar abiertamente sus religiones sin temor a ser perseguidos. Muchos inmigrantes haitianos trajeron su cultura y creencias a la Luisiana controlada por los franceses. Esta es la razón por la que Luisiana tiene una presencia tan fuerte del Vudú, así como una cultura Hoodoo única.

Leyendas populares del Hoodoo

El pueblo negro tiene una fuerte tradición oral que ha transmitido nuestras historias, cultura y creencias a través de las generaciones, a pesar de la opresión y la destrucción por parte de las fuerzas supremacistas blancas. El Hoodoo está presente en muchos de estos cuentos populares, ya que el Hoodoo está tan entrelazado en nuestra historia y cultura. Estas historias van desde relatos inspiradores de la vida real hasta fábulas míticas, pero en todas ellas, el Hoodoo es una fuerza impulsora que encapsula el poder y la resiliencia que fluye a través de todas las personas negras.

Juan el Conquistador

En esta historia, Juan era un príncipe africano que fue llevado a Estados Unidos durante el comercio de esclavos. Sin embargo, utilizó su ingenio como embustero para escapar a la esclavitud. Muchos esclavos creían que fue el Juan el Conquistador quien liberó a los esclavos a través del Hoodoo influenciando a los blancos, específicamente a Abraham Lincoln. Después regresó a África, pero no sin antes darle a la gente negra un poco de su poder bajo la forma de la raíz Juan el Conquistador, muy venerada en el Hoodoo y utilizada en muchos hechizos.

Gullah Jack

Se dice que Gullah Jack fue el co-conspirador de Denmark Vesey, quien lideró la revuelta de esclavos de 1822 en

Charleston, Carolina del Sur. Se dice que sobrevivió al viaje a través del Paso Medio gracias a una bolsa de mojo, y que ofreció sus conocimientos sobre yerbatería para hacer posible la revuelta. También se dice que Gullah Jack realizó una ceremonia sobre un esclavo que le impidió hablar de sus planes y utilizó el Hoodoo para influir en muchos otros para que se unieran al complot.

Nat Turner

Nat Turner nació en la esclavitud. Su madre, nativa africana, le enseñó acerca de la espiritualidad africana. Se decía que Nat tenía sueños proféticos y visiones de Dios. Fueron estas profecías las que le inspiraron a liderar una rebelión de esclavos y se dice que utilizó rituales Hoodoo para proteger y dar poder a los implicados.

Tía Caroline Dye

La tía Caroline Dye fue una figura popular en la cultura Hoodoo, y ha sido mencionada en varias canciones de blues. Nació en la esclavitud en Spartanburg, Carolina del Sur, y más tarde se trasladó a Arkansas. Su especialidad Hoodoo era la adivinación, y utilizaba un mazo de cartas para conocer el pasado, el presente y el futuro de las personas blancas y negras.

Hoodoo moderno

Una mezcla de fuerzas supremacistas blancas, creencias religiosas conservadoras y asimilación hizo que gran parte de las prácticas Hoodoo pasaran a la clandestinidad. Sin embargo, la práctica nunca se ha extinguido y, en los tiempos modernos, ha tenido una especie de resurgimiento a medida que la gente se vuelve más consciente y más receptiva a los diferentes caminos de la espiritualidad. Su nueva presencia coincide también con el moderno movimiento del orgullo negro, a medida que la gente negra se vuelve más audaz y enérgica con su amor y aprecio por su extraordinaria cultura, así como más abiertamente defensiva de su apropiación. Los practicantes de Hoodoo ahora pueden vender sus amuletos, aceites y hechizos por Internet. Los practicantes ya no tienen que tener un familiar que lo practique para aprender Hoodoo. Ahora pueden adquirir conocimientos sin tener que salir de su zona, lo que hace que el Hoodoo sea mucho más accesible.

Por supuesto, con esta mayor visibilidad llegan la desinformación y los vendedores de aceite de serpiente. Muchas personas de fuera de la diáspora africana afirman ser practicantes de Hoodoo, pero no tienen ninguna conexión cultural con él. Aunque una mayor accesibilidad es algo positivo, los practicantes deben tener en cuenta el elemento generacional. El Hoodoo solo existe gracias a la gente que nos ha precedido, y debemos respetar a nuestros mayores y ancestros y buscar en ellos conocimiento y sabiduría.

Conclusión

El Hoodoo nació de la opresión. Al igual que nuestros antepasados perdieron la vida al cruzar el Paso Medio o por los abusos a manos de violentos capataces, también lo hicieron las historias de sus tierras. Se suponía que los Griots, una clase de narradores africanos, eran los portadores de nuestra historia. Sin embargo, esas tradiciones orales, el conocimiento de nuestro linaje, nuestra historia y nuestra cultura, se perdieron con ellos. A través de la muerte y la opresión, nuestra cultura se transformó en algo totalmente distinto. Pero las brechas de nuestra cultura no quedaron vacías. Al contrario, los llenamos con algo nuevo, con las piezas de una cultura a la que nos vimos obligados a integrarnos, con la sabiduría y el dolor que padecimos. El Hoodoo es un testamento del espíritu negro. Cuando carecíamos de cuidados, cuando no teníamos casi nada para proteger nuestras mentes, cuerpos y almas, aún éramos capaces de seguir adelante gracias a nuestra resiliencia y conexión espiritual. El Hoodoo es un recordatorio de que los negros siempre nos hemos cuidado los unos a los otros, de que siempre hemos sido nuestros mejores aliados.

CAPÍTULO 3

Primeros pasos

Ahora que entiendes qué es el Hoodoo, la pregunta es: ¿cómo empezar?

El Hoodoo adopta tantas formas y es tan rico que a menudo puede resultar abrumador para un recién llegado. Demasiadas opciones pueden causar parálisis en la toma de decisiones. Por eso existe este libro: para desglosar el Hoodoo en pasos digeribles. A medida que crezcas como practicante, desarrollarás tu propia práctica. Sin embargo, como principiante, es mejor empezar de forma sencilla.

Religión

La primera pregunta a responder como practicante principiante de Hoodoo es en qué crees. Mientras creas en las reglas espirituales fundamentales del Hoodoo, no tienes que suscribirte a una religión estricta para practicarlo. Sin embargo, muchos practicantes de Hoodoo son religiosos de una manera u otra. Dios puede tomar infinitas formas y cada uno entiende a Dios de manera diferente, por lo que todos los caminos del Hoodoo son igualmente valiosos. La religión a la que te suscribas determinará los tipos de deidades con las que trabajarás para obtener poder espiritual y acceder al reino espiritual.

Cristianismo

El Hoodoo es un medio para muchos cristianos de separarse de la toxicidad de muchos de sus espacios, a la vez que se aferran a sus creencias fundamentales. En una práctica de Hoodoo Cristiano, accederás al creador, Dios, y al Espíritu Santo. También puedes acceder a Jesucristo a través de tu trabajo. Si eres Católico, puedes conectar con los santos asociados a tus objetivos. Hay varias formas de obtener herramientas espirituales como cruces, imágenes de Jesús y fotos de los santos que adornarán tu altar, de las que hablaremos con más detalle más adelante.

Vudú

Si quieres conectar con el Hoodoo a través de las raíces de África Occidental, puedes practicar el Vudú. Querrás buscar una congregación y otros practicantes para obtener apoyo espiritual y comunitario. No profundizaremos en las prácticas particulares del Vudú. Sin embargo, la parte más importante del propósito del conjuro Hoodoo son las deidades con las que trabajarás.

Dependiendo de tus necesidades espirituales, puedes llegar a estos espíritus e interactuar con ellos.

Hay muchas familias diferentes de Loa. Aquí nos centraremos en la Familia Damballa, la familia más importante en el Vudú de Luisiana.

Damballa

Según los textos Vudú, Damballa es el andrógino dios serpiente y padre de todos los Loa. La serpiente representa la sabiduría, la comprensión y el misterio cósmico. Damballa domina el agua de los cielos. Se dice que provoca terremotos y puede ofrecer a sus seguidores buena fortuna, riqueza y éxito. Su poder se siente en los manantiales y las orillas de los ríos. Los hijos espirituales de Damballa suelen ser de carácter fuerte y reservado. Entre las ofrendas más comunes a Damballa se encuentran los huevos de cáscara blanca, la leche condensada, la harina de maíz, la miel, los garbanzos, el coco, las batatas y las frutas blancas.

Ayida-Wedo

Ayida es la esposa de Damballa. Está asociada con el arco iris y domina la fertilidad, el embarazo y el comercio. Los que están conectados espiritualmente con ella suelen ser parlanchines, enérgicos, brillantes e impulsivos, con un amor especial por los niños y sentido de la justicia. También se puede acceder a su poder en manantiales y riberas. Como ofrendas, se le pueden dar alimentos con los colores del arco iris, harina de maíz, pato, paloma, garbanzos y coco.

Damballa Nago

Este dios se asocia con la riqueza y el poder del cambio y la transmutación. También llamado Orixa Ocumare, se puede acceder a su poder bajo los árboles. Se le asocia con la plata, la leche, los árboles de hoja perenne, el perfume de mandarina y el número 7. Se le puede ofrecer huevos, maíz blanco, boniatos, garbanzos y arroz.

Danghallah Pethro

Este Dios a menudo es representado como una serpiente de fuego y es una manifestación de la ira de Dios. Es poderoso y violento, pero no malicioso. Se le suele invocar para que castigue duramente a los malvados y ayude a triunfar contra los enemigos. También se dice que protege la tierra y a los que trabajan en ella. A menudo se le ofrecen las mismas cosas que a Ayida-Wedo, además de pólvora y ají picante.

Ossagne

Ossagne es el Dios de la naturaleza y reside en los bosques y entre el verdor. Protege a los débiles y empobrecidos, y combina las propiedades de la naturaleza para sanar. Los hijos espirituales de Ossagne son reservados, privados, controlan sus emociones y suelen ser expertos en herboristería y sanación. Se le ofrece miel de albahaca, frijoles negros, harina de maíz, ocre, salchichas, huevos y harina de mandioca.

Nanan Bouclou Rada

Nanan es una manifestación de Ayida tras dar a luz a los Loa. Es una figura de abuela, fuerte y dura en su disciplina, pero profundamente amorosa. Es una figura casta, que ha abandonado la sexualidad. Nanan domina la medicina y la ciencia, y protege del ahogamiento. Sus hijos espirituales imponen respeto y aman el orden y la disciplina. Aunque a menudo son admirables, pueden ser severos, gruñones e inflexibles. Se puede acceder a ella en lugares húmedos y se le ofrece arroz, ñame, camarones y frijoles negros.

Dioses egipcios

La gente negra se ha sentido culturalmente atraída por Egipto, ya que es una de las pocas representaciones de excelencia histórica y realeza negra a las que tenemos acceso, porque muchos imperios africanos fueron destruidos por la esclavitud y la colonización. Por ese motivo, los practicantes de magia popular negra han utilizado el panteón egipcio como canal de espiritualidad. De nuevo, las prácticas religiosas egipcias son amplias y complejas, pero aquí hay una introducción a algunos de los dioses comunes.

Shed

Shed es el Dios de los animales salvajes y las armas, a menudo invocado por cazadores y guerreros para que les proporcione protección y poder contra los enemigos. A menudo se le representa como un hombre joven con un carcaj de flechas y sujetando serpientes con las manos.

Ra/Re/Atum

Ra, el Dios del Sol, es representado con cabeza de halcón durante el día y con cabeza de carnero por la noche, cuando entra en el inframundo. Cada noche, derrota al mal mientras recorre el inframundo en su barca solar. Se le asocia con la realeza, ya que los faraones se creían hijos de Ra, lo que le convierte en uno de los dioses más populares.

Wadjet

Wadjet es la hija de Ra, y a menudo se la representa como una cobra. Se dice que plantó los primeros campos de papiro en los pantanos del delta del Nilo. Se la conoce como Weret-Hekau, que se traduce como "Grande de la Magia", y se la invoca para protegerse de los espíritus y energías malignas.

Isis

Isis es una de las Diosas más poderosas del panteón egipcio y se la conoce como la Madre de los Dioses, ya que cuida tanto de los humanos como de las deidades. Se la asocia con la realeza y es la madre espiritual y simbólica de todos los reyes. Se dice que conduce a las personas al paraíso en el momento de su muerte.

Bes/Aha/Bisu

Bes es un Dios popular, se dice que protege a mujeres y niños y promueve la justicia divina. Se le asocia con la fertilidad, el sexo, el humor y la guerra, y a menudo se le representa en objetos domésticos como espejos, muebles y cuchillos. Bes es a menudo retratado como un hombre pequeño, chueco, de genitales visibles y un sonajero en la mano.

Altares

La parte más importante de tu camino como practicante de Hoodoo es la que más se pasa por alto, y esa es tu altar. Muchos nuevos practicantes se saltan el trabajo de su altar en favor de ir directamente a hechizar. Aunque puede parecer tedioso al principio y puedes estar tentado a saltar a las cosas divertidas, tener un altar en funcionamiento es increíblemente importante.

Tu altar es tu punto de conexión espiritual. Es el lugar donde te comunicarás con tus deidades y antepasados. También es el lugar donde realizas la mayoría de tus hechizos, aunque algunas personas eligen montar altares especiales para hechizos específicos. Tener un altar espiritualmente activo, limpio y rezar ante él regularmente es crucial si pretendes practicar Hoodoo de forma segura y poderosa. Podrás buscar la sabiduría de tus ancestros, pedir prestado el poder de tus deidades y afianzarte en tu propia espiritualidad. Piensa en tu altar como tu propia iglesia personal.

Tu altar no tiene por qué ser lujoso ni requerir adornos caros o extravagantes. Sin embargo, hay algunas pautas que debes seguir en su construcción. Lo mejor es utilizar materiales naturales para la base del altar, por lo que la mayoría de la gente elige una mesa de madera o un armario. Mucha gente opta por una mesa más corta para poder arrodillarse ante ella durante sus oraciones y conjuros y mostrar así respeto a sus antepasados y deidades.

El altar debe colocarse en un lugar privado. Debe ser un lugar en el que te sientas seguro y cómodo, sin mucho tránsito. Sin embargo, no conviene montar un altar donde se duerme. La actividad espiritual puede interrumpir tu sueño y provocarte pesadillas. Si no puedes encontrar una habitación separada para tu altar, considera la posibilidad de colocar una cortina o un separador de habitaciones alrededor.

Con la base preparada, coloca un mantel sobre la mesa. Una vez más, lo mejor son las fibras naturales, como la lana o el algodón. Mucha gente elige el blanco porque representa la pureza y la neutralidad. Sin embargo, también puedes utilizar colores específicos para representar el hechizo en el que estés trabajando (más adelante trataremos la teoría del color).

El siguiente objeto que necesitarás para tu altar es una Biblia. También puedes utilizar cualquier otro texto religioso que sea importante para ti. Sin embargo, una Biblia puede ser útil incluso si no eres cristiano, ya que los Salmos son poderosos hechizos y medios para establecer tus intenciones. Además, como lo más probable es que tus antepasados fueran cristianos, un símbolo del cristianismo hará que tu altar les resulte más acogedor y cómodo.

Necesitarás una vela blanca de siete días y un vaso con agua.

Ambos sirven para tender un puente entre el mundo espiritual y el físico. Piensa en la vela como una luz guía y en el agua como una puerta por la que se mueven los espíritus. También puedes añadir otros objetos que te parezcan espiritualmente significativos. Algunos objetos comunes son cruces, rosarios, cartas del tarot y cristales. También puedes guardar algunas de las herramientas espirituales más utilizadas -de las que hablaremos más adelante- en tu altar o debajo de él para facilitar el acceso.

Invitar a los Espíritus

Ahora que ya has construido tu altar, tienes que invitar a tus ancestros. Tienes que guiar a sus espíritus hasta tu altar y mostrarles amor, respeto y veneración para abrir una línea de comunicación para tu trabajo espiritual. Recuerda que es importante rezar regularmente en tu altar y mantener una relación activa con ellos. No acudas a tus antepasados sólo cuando quieras algo.

Paso uno: Limpiar

Limpia la mesa de tu altar así como todos los objetos. Puedes hacer esto usando agua limpiadora como Agua de Florida, Agua de Rosas, o Kolonia 1800, todas las cuales pueden ser compradas en tiendas Hoodoo u otras tiendas espirituales. También puedes utilizar un aceite espiritual. Usa un movimiento en sentido horario para limpiar todos los objetos. Para los objetos que no quieras mojar con agua o aceite, puedes limpiarlos sahumándolos, es decir, echando humo de incienso sobre el objeto que quieras limpiar.

Paso dos: Preparación

Con todos los objetos básicos colocados y purificados, añade objetos relacionados con tus antepasados sobre el altar y alrededor de él. Puede incluir fotos, tierra de sus tumbas, objetos que poseían y con los que interactuaban, o de los que disfrutaban. No te preocupes si no tienes acceso a estas cosas. Puedes escribir sus nombres o incluir imágenes simbólicas. Solo tienes que pensar en tus ancestros mientras preparas las cosas. Es tu esfuerzo y tu intención espiritual lo que importa. También deberías incluir imágenes y objetos relacionados con tus deidades.

Paso tres: Ofrendas

Una vez preparado el altar, enciende la vela y siéntate ante él. Tómate tu tiempo para meditar y rezar a tus antepasados. Recuerda sus rostros y los buenos recuerdos que hayan compartido. Háblales en voz alta. Permítete sentarte ante tu altar hasta que sientas que se ha establecido una conexión. Querrás hacer esto siempre que necesites orientación, conocimiento o cuando tu espíritu desee entrar en comunión con tus antepasados. Aun así, es muy importante establecer esta conexión antes de lanzar un hechizo. Apaga la vela cuando te sientas satisfecho.

Al día siguiente, prepara una comida para dos y llévala a tu altar. Enciende la vela y comparte la comida con tus antepasados. Al igual que antes, tómate tu tiempo para pensar en ellos, rezarles y hablarles en voz alta. Cuando termines de comer, deja la comida fuera hasta que se haya echado a perder.

El tercer día, prepara ofrendas para tus antepasados. Estas ofrendas deben reponerse regularmente cuando se echen a perder. Entre las ofrendas más comunes están el café, el alcohol y los perfumes. Si sabes que a tus antepasados les gustaba algo, puedes utilizarlo como ofrenda. Enciende tu vela y aprovecha este momento para alabar y celebrar a tus antepasados. Puedes hacerlo cantando, bailando, con oraciones de gratitud o con lo que tus sentimientos espirituales te guíen a hacer. Pide a tus antepasados que te guíen y trabajen contigo en tu viaje.

A partir de este momento, tus antepasados deben formar parte activa de tu vida. Haz que rezar en tu altar sea una parte habitual de tu rutina, incluso cuando no estés lanzando un hechizo. Lo mejor es hacerlo al menos una vez a la semana, pero debes negociar con tus antepasados tanto como sea posible. Con una relación activa establecida, tus antepasados empezarán a responder a tus plegarias y a atender tus necesidades.

Herramientas

Con tu espacio de trabajo completo, es hora de familiarizarse con las herramientas del oficio. Diferentes practicantes utilizan diferentes herramientas o enfoques en sus hechizos. Sin embargo, hay algunas herramientas básicas que debes conocer y mantener en tu altar.

Velas

Las velas son espiritualmente significativas. Representan la conquista de uno de los inventos más importantes del hombre: el fuego. La capacidad de usar y controlar la luz ha sido tan importante en el mundo de la industria como en el de la espiritualidad. Las velas tienen un significado espiritual en todo el mundo, y hay muchas razones para ello.

Las velas se utilizan a menudo en la meditación, ya que proporcionan un punto fijo en el que concentrar la mente. Son calmantes y centran la atención, por lo que no es de extrañar que puedan proporcionar tal sensación de poder durante la oración. Como las intenciones son de suma importancia en la magia, las velas son increíblemente poderosas porque evitan que la mente se desvíe. La magia con velas puede ser especialmente poderosa cuando tienes emociones intensas o problemáticas que nublan tu juicio y tus objetivos. Puede ayudar a ver a través de la niebla dónde se encuentra realmente tu corazón, así como evitar que tomes decisiones tontas o alteres un hechizo debido a intenciones débiles o confusas.

La luz de la llama también es vista como un punto espiritual único. Puede servir de faro para guiar a los espíritus hacia ti, iluminar la oscuridad y alejar a las fuerzas malignas. El ritual de encender velas en una torta de cumpleaños se originó como una forma de alejar a los espíritus malignos para bendecir a un niño en el siguiente año de vida.

Muchos tipos diferentes de velas se utilizan en varios rituales, incluyendo velas que son específicas para el Hoodoo. Más adelante hablaremos de las velas que necesitas tener a mano, pero ten en cuenta que es de suma importancia conseguir velas hechas de cera natural como la cera de abeja o de soja.

Aceites

El uso de aceites es otra práctica espiritual que se remonta a miles de años atrás y se realiza en todo el mundo en muchas disciplinas diferentes. Los aceites se utilizan para reunir los elementos de diferentes plantas y hierbas en una mezcla espiritualmente potente; se utilizan para bendecir, purificar y lograr objetivos espirituales y mágicos específicos.

Puedes comprar aceites mágicos en tiendas de Hoodoo o de magia, o puedes hacerlos tú mismo. Al hacer tus propios aceites, es importante utilizar ingredientes puros y auténticos. Estas mezclas suelen consistir en un aceite base como el de oliva o girasol, así como una mezcla de aceites esenciales. Asegúrate de que los aceites esenciales sean de grado A, también conocidos como aceites de grado terapéutico. Son puros y no contienen sustancias de relleno. Asegúrate de manipular los aceites esenciales de forma segura. Muchos aceites esenciales puros no deben aplicarse sobre la piel ni ingerirse.

Hierbas

El espíritu de Dios reside en todas partes, específicamente en la naturaleza, y trabajar con hierbas es una de las formas más poderosas de utilizar el mundo físico para acceder a lo espiritual. La magia con hierbas se conoce comúnmente como yerbatería y está fuertemente asociada con la magia de las montañas del sur, ya que nació de un pueblo que estaba en sintonía con la tierra. Cada hierba tiene su espíritu y asociación únicos. Teniendo en cuenta lo vasto que es el mundo natural, es imposible aprender de inmediato todas las hierbas y sus usos. No obstante, cuanto más tiempo practiques la yerbatería, más cómodo y versado te volverás en la selección y el uso de las hierbas adecuadas.

Si sólo vas a realizar hechizos con hierbas de vez en cuando, puede que te convenga utilizar hierbas compradas en la tienda. Algunas personas se autodenominan brujas de cocina porque trabajan principalmente con hierbas para sazonar. Sin embargo, si quieres lanzarte a una práctica Hoodoo más intensa, considera cultivar tus propias hierbas.

También puedes probar con el *wildcrafting*, también conocido como forrajeo. Esto le da el beneficio añadido de recoger hierbas en su entorno más natural, donde son más poderosas. Forrajear puede ser peligroso debido a las plantas venenosas y a las leyes locales, así que asegúrate de investigar bien y, si es posible, llévate a alguien con más experiencia.

Conectar con otros conjuradores

Las prácticas de magia popular se basan en la comunidad y el conocimiento compartido. Si te sientes abrumado intentando iniciarte en la práctica del Hoodoo, intenta contactar con otros practicantes con ideas afines. Hoy en día, es relativamente fácil encontrar grupos de brujería general. Aún así, puede resultar difícil si no compartes la misma práctica, sobre todo si vives en una zona predominantemente blanca y te preocupan las microagresiones y la apropiación. Por suerte, si no encuentras practicantes de Hoodoo en tu zona, siempre puedes conectar con ellos en línea.

Hay muchas maneras de que las brujas emergentes se conecten. Por ejemplo, TikTok tiene un espacio en constante crecimiento para chicas negras espirituales dentro del nicho "WitchTok". Estos espacios pueden proporcionar orientación, educación y, lo que es más importante, conexión con personas de pensamiento afín que pueden proporcionar amor y compañerismo. Si no encuentras un grupo, plantéate crear uno en tu zona. Incluso un pequeño grupo de mujeres negras que se reúnan una vez al mes puede marcar una gran diferencia espiritual.

Conclusión

La tradición Hoodoo nació de un pueblo que no tenía nada. No es exclusiva de quienes pueden permitirse herramientas caras y tienen tiempo para rituales complicados. El Hoodoo es intrínsecamente inaccesible para los que están dentro de la diáspora africana, así que no debes dejar que la profundidad y amplitud de la práctica te asusten y te impidan dar el primer paso.

Capítulo 4

Introducción a la Hechicería

Ahora que has formado una conexión espiritual entre tú, tus antepasados y tus deidades, y te has equipado con las herramientas básicas de un practicante de Hoodoo, es hora de pasar a la parte funcional del Hoodoo: lanzar hechizos. Un hechizo es un acto ritual que ayudará a provocar cambios en tu mundo material. Pero deben alinearse con tus verdaderos objetivos y la forma en que vives tu vida. Por ejemplo, un hechizo de riqueza no va a causar una ganancia inesperada de dinero en efectivo si no estás haciendo nada en tu vida para perseguir esta meta. Los hechizos estimulan tus habilidades, no son sustitutos de la tenacidad y los cambios en la vida real.

Preparación para el hechizo

Muchos practicantes principiantes se frustran cuando sus hechizos iniciales no funcionan tan rápido o tan poderosamente como les gustaría. Hay muchas razones por las cuales puedes estar teniendo dificultades.

La primera razón es la falta de fe. Junto con una fuerte intención, también debes creer honestamente en tu capacidad de utilizar la magia para crear un cambio. Si no tienes fe en ti mismo y en tus deidades, no estás dando al hechizo el poder que necesita, y no conseguirás lo que quieres. Cuanto más practiques, más fuertes serán tus hechizos.

La paciencia y la atención al detalle son muy importantes para un practicante principiante. Puedes evitar muchos de los obstáculos si te preparas con antelación.

Intenciones

Tus intenciones enfocan en tu hechizo la energía espiritual que tú creas. La falta de intención puede debilitar un hechizo. Intenciones contradictorias o poco claras pueden causar que un hechizo se vuelva incontrolable. Cuando realizas un hechizo, necesitas asegurarte de que sabes lo que quieres y por qué lo quieres.

Tómate el tiempo para meditar antes de lanzar tu hechizo. Necesitas estar en sintonía con tu yo más profundo para verdaderamente desbloquear tu potencial como practicante. Sin conocimiento de ti mismo, corres el riesgo de causarte daños espirituales y materiales a ti y a las personas que te rodean. Meditar sobre tu yo interior puede adoptar muchas formas. Para algunas personas, las prácticas meditativas tradicionales funcionan mejor. Para otras, lo mejor es lanzarse a algo creativo e inspirador, como bailar o pintar. Aborda este momento como una cita contigo mismo en la que puedes llegar a conocerte a un nivel más profundo. Tu sentido del yo también puede verse alterado por traumas o enfermedades mentales y, aunque no tienes que estar completamente sano para ser un poderoso practicante de Hoodoo, cuidar de tu salud mental te ayudará.

También necesitas comunicar estas intenciones a los espíritus. Muchos hechizos piden que hagas esto a través de papeles de petición. En los papeles de petición, escribes el nombre del objetivo de tu hechizo, normalmente un número impar de veces. Luego, en el borde de la hoja de papel, escribe tus deseos para esa persona repetidamente sin levantar la pluma hasta que hayas rodeado completamente los nombres.

Las oraciones y los hechizos orales son otra forma de expresar tu intención. Muchos hechizos antiguos tienen palabras específicas de diversas fuentes, desde frases en latín y catolicismo hasta religiones de África Occidental. Una de las herramientas más poderosas que tienes como practicante de Hoodoo, independientemente de tu religión, son los Salmos. Los Salmos pueden funcionar como poderosos hechizos. Ciertos rituales requieren un Salmo en particular. También puedes usar los Salmos cuando crees tus propios hechizos o en tus oraciones. Lee los Salmos y deja que tu intuición espiritual te guíe. Aquí tienes algunos puntos de partida para usar los Salmos:

Sanación

- Salmo 9: Trae salud a un niño enfermo.

- Salmo 15: Cura y vence la depresión.

- Salmo 30: Dar gracias por haber sido curado de una enfermedad.

- Salmo 38: Para curar una enfermedad.

- Salmo 49: Cura la fiebre.

- Salmo 84: Cura una enfermedad crónica.

- Salmo 87: Cura el alcoholismo y la adicción.

- Salmo 89: Cura rápidamente a una persona enferma.

- Salmo 102/103: Aumenta la fertilidad.

- Salmo 105-107: Sana la fiebre.

- Salmo 126: Asegura la supervivencia de un bebé.

- Salmo 142/143: Cura el dolor, especialmente en los brazos y las piernas.

- Salmo 144: Cura un hueso roto.

- Salmo 146: Cura una herida.

- Salmo 147: Cura una infección.

Protección

- Salmo 2: Para curar una enfermedad.

- Salmo 6: Garantiza un viaje seguro a través del mar.

- Salmo 13: Protégete durante 24 horas.

- Salmo 17: Garantiza un viaje seguro.

- Salmo 19: Protege tanto a la madre como al niño durante el parto.

- Salmo 20: Protégete de ser procesado por la ley.

- Salmo 33: Proporciona protección al recién nacido.

- Salmo 34: Asegura que llegues sano y salvo a tu destino.

- Salmo 36: Protégete de las mentiras y calumnias.

- Salmo 39: Protégete de las mentiras y calumnias.

- Salmo 50: Proporciona protección contra un ataque planeado.

- Salmo 59: Protege de todos los enemigos.

- Salmo 60: Protege de una persona agresiva.

- Salmo 76: Provee protección contra el fuego y el agua.

- Salmo 83: Proporciona protección en la guerra y la batalla.

- Salmo 90: Protege tu hogar.

- Salmo 94: Protégete de los enemigos.

- Salmo 101: Protégete contra el mal de ojo.

- Salmo 109: Provee protección contra un enemigo persistente.

- Salmo 116: Proporciona seguridad.

- Salmo 121: Garantiza la seguridad en los viajes nocturnos.

- Salmo 124: Garantiza un viaje seguro por agua.

- Salmo 128: Protege a una mujer embarazada.

- Salmo 148/149: Protege contra los incendios.

- Salmo 150: Dar gracias por escapar de una situación peligrosa.

Poder

- Salmo 3: Obtén fortaleza espiritual en tiempos de estrés.

- Salmo 7: Vence la maldad de tus enemigos.

- Salmo 10: Destierra las influencias negativas en tu vida.

- Salmo 11: Supera las mentiras y las calumnias.

- Salmo 12: Vence el chisme.

- Salmo 18: Vence los ataques y robos.

- Salmo 25: Gana fuerza contra la oposición.

- Salmo 29: Aleja del mal.

- Salmo 39: Vence las mentiras y las calumnias.

- Salmo 40: Libérate de la opresión.

- Salmo 48: Vence a los que te envidian.

- Salmo 54: Véngate de tus enemigos.

- Salmo 55: Vence los ataques y la persecución.

- Salmo 63: Supera las disputas en tus relaciones comerciales.

- Salmo 66: Empodérate contra obsesiones y adicciones.

- Salmo 67/68: Mantente fuerte frente a la adversidad.

- Salmo 70: Consigue justicia sobre un enemigo.

- Salmo 73: Fortalece tu fe.

- Salmo 74: Supera persecuciones causadas por enemigos acérrimos.

- Salmo 79: Derrota a tus enemigos.

- Salmo 93: Triunfa en un caso judicial.

- Salmo 100: Vence a enemigos desconocidos.

- Salmo 118: Fortalece tu voluntad.

- Salmo 125: Vence enemigos más poderosos.

- Salmo 129: Aumenta tu poder espiritual.

- Salmo 141: Vence tu miedo.

- Salmo 145: Destierra el mal de tu vida.

Prosperidad

- Salmo 1: Para bendecir un hogar y asegurar un hogar pacífico.

- Salmo 4: Atrae la buena suerte.

- Salmo 5: Destierra los espíritus malignos que perjudican tu negocio.

- Salmo 8: Asegura transacciones comerciales exitosas.

- Salmo 23: Atrae la buena fortuna, el éxito y la guía

espiritual.

- Salmo 41: Recibe alguna necesidad material.

- Salmo 57: Atrae la buena fortuna.

- Salmo 61: Bendice un nuevo hogar.

- Salmo 63: Supera pérdidas comerciales.

- Salmo 65: Atrae la buena fortuna.

- Salmo 77: Asegura que tus necesidades siempre estén satisfechas.

- Salmo 82: Asegura el éxito en un negocio.

- Salmo 86: Asegurar el éxito para otro.

- Salmo 96/97: Trae bendiciones a una familia.

- Salmo 108: Asegurar un negocio exitoso.

- Salmo 112: Resuelve los problemas de dinero.

- Salmo 114: Triunfa en los negocios.

Felicidad

- Salmo 10: Elimina la negatividad en tu vida.

- Salmo 24: Ablanda el corazón.

- Salmo 27: Gana aceptación en un nuevo entorno.

- Salmo 28: Repara una relación rota.

- Salmo 32: Reconcíliate con un ser querido.

- Salmo 37: Rompe los vínculos o influencias negativas.

- Salmo 42: Repara tu reputación.

- Salmo 45/46: Trae paz y amor a una relación.

- Salmo 51: Libérate de la culpa.

- Salmo 56: Supera el materialismo.

- Salmo 58: Mejora tu relación con la naturaleza.

- Salmo 62: Ayuda para perdonar a alguien.

- Salmo 69: Rompe los malos hábitos.

- Salmo 72: Asegura la felicidad en tus relaciones.

- Salmo 75: Ayuda para dar y recibir perdón.

- Salmo 78: Gánate el respeto de las personas que te rodean.

- Salmo 80/81: Protege y guía a tus amigos lejos de los errores.

- Salmo 85: Repara una amistad.

- Salmo 92: Mantén tu honor.

- Salmo 98: Asegura la paz en tus relaciones familiares.

- Salmo 99: Mejora tu conocimiento espiritual.

- Salmo 110: Aumenta tu carisma.

- Salmo 111: Atrae más amigos.

- Salmo 113: Alcanza el equilibrio y la armonía.

- Salmo 115: Ayuda para enseñar a otros.

- Salmo 117: Aumenta tu credibilidad.

- Salmo 131: Supera el orgullo.

- Salmo 132: Mejora tu credibilidad.

- Salmo 133: Mantén amistades sanas y felices.

- Salmo 136: Rompe con la negatividad.

- Salmo 137: Libera tu corazón del odio y negatividad.

- Salmo 138: Trae más amor a tu vida.

- Salmo 139: Fortalece una relación romántica.

- Salmo 140: Repara los problemas en un matrimonio.

- Salmo 141: Libérate del miedo.

Teoría del color

Cuando prepares tu altar para un hechizo, debes ser consciente del color de los objetos que utilizas. Los colores son creados por la frecuencia única a la que vibra la luz. Estas vibraciones únicas pueden tener un profundo efecto en nosotros física y espiritualmente. La forma más común en que las personas incorporan la teoría espiritual del color es a través de las velas que seleccionan, ya que la llama convierte a la vela en el centro vibracional del ritual. Sin embargo, puedes expresar tus objetivos a través del color del mantel de tu altar, de las decoraciones y de tu ropa.

Negro

Aunque el negro a menudo tiene una connotación negativa, no es necesariamente un color peligroso o negativo. El negro es un color neutro, pero poderoso, compuesto por todos los demás colores. Puede ser utilizado para canalizar y manipular la energía negativa, por lo que es un gran color tanto para protección como para maldiciones. Usa el negro cuando necesites liberarte de una situación negativa o necesites un estímulo para tu fuerza de voluntad.

Blanco

El blanco es otro color neutro y nunca es una mala elección. Es puro y virginal, y a menudo se utiliza para bendiciones, purificación y consagración. El blanco invoca y manipula las energías positivas, por lo que suele utilizarse cuando necesitas paz y claridad.

Rojo

El rojo es un color energético asociado a la pasión, la lujuria y la sangre. A menudo se utiliza para canalizar y expresar emociones o deseos intensos, viscerales y poderosos - cosas que pueden ser increíblemente poderosas cuando se canalizan adecuadamente, pero peligrosas cuando se reprimen. También se asocia con el fuego y la determinación. El rojo se utiliza a menudo en la magia amorosa y sexual. Debido al poder de estas emociones y asociaciones, los hechizos rojos pueden fácilmente volverse incontrolables y ser interrumpidos por una intensidad desenfrenada.

Rosado

Mientras que el rojo se asocia con el amor apasionado y sexual, el tono más suave del rosado se relaciona con el romance y formas más estables de amor. Puedes utilizarlo para hechizos asociados con cualquier tipo de afecto, ya sea en tus amistades, familia o amor propio. También puede ayudar con la sanación, el perdón y la reconciliación en las relaciones. Un tono magenta más cálido te ofrece lo mejor del rosa y del rojo.

Violeta

El violeta es el color del chakra coronario, situado en la parte superior de la cabeza. Cuando morimos, nuestro espíritu se separa de nuestro cuerpo físico a través de un cordón en el chakra de la coronilla. Por esta razón, el violeta se asocia a menudo con la espiritualidad y la trascendencia. También se asocia con la realeza. Usa el violeta cuando intentes conectar con tu yo espiritual más elevado, puro y poderoso.

Azul

El azul es relajante, refrescante y sanador. Es un color estupendo cuando buscas claridad o intentas reparar algún daño que se interpone en tu camino. Puede ayudar a facilitar un estado mental mejor y más fuerte y fomentar los sueños proféticos y la inspiración. El azul es también el color del chakra de la garganta y se asocia con la comunicación, la creatividad y la autoexpresión.

Verde

El verde es el color masculino del amor y se asocia con el corazón. También se asocia con la naturaleza y la prosperidad. El verde suele utilizarse para hechizos relacionados con la riqueza, el dinero y la abundancia. También puede ayudarte a entrar en contacto con la naturaleza e intensificar los hechizos y rituales basados en plantas.

Amarillo

El amarillo es un color energético, alegre y brillante que se inspira en la energía del sol. Puede utilizarse para estimular la mente y ayudar a cargarte espiritual, física y mentalmente. El amarillo también puede utilizarse en hechizos relacionados con el éxito, la confianza y la excelencia.

Naranja

El naranja es una combinación de rojo y amarillo y se utiliza a menudo para los hechizos relacionados con el éxito empresarial. Usa el naranja cuando busques la energía, la pasión y el empuje necesarios para triunfar en tu carrera o en tus asuntos legales.

Plateado

El plateado imita la luz de la luna. Si no puedes esperar a que haya luna llena, puedes utilizarlo cuando un hechizo requiera la luz de luna. El plateado es también un color muy espiritual y se puede utilizar para atraer e interactuar con los espíritus. También se asocia con lo divino femenino, así como la intuición y la capacidad psíquica.

Dorado

Mientras que el plateado invoca a la luna, el dorado invoca al sol y a lo divino masculino. A menudo se utiliza en hechizos relacionados con el poder, la confianza, la riqueza y el éxito.

Cuándo lanzar hechizos

Otra forma de potenciar tus rituales a través de la intencionalidad es ser muy específico a la hora de realizar tus hechizos. El poder de los cielos es la base de la astrología. Sin embargo, no tienes que ser un experto en astrología para utilizar estos poderes. El sol y la luna nos otorgan una energía intensa y única, y sólo hace falta un conocimiento básico del mundo para potenciar tus hechizos.

Fases lunares

Realizar hechizos bajo la luna es increíblemente poderoso, especialmente para las practicantes mujeres cuya energía femenina se ve intensificada por su energía. La paz y la tranquilidad de la noche también pueden ayudarte a mantener una mente clara y un espíritu pacífico.

Luna nueva

Como la Luna Nueva es el comienzo del ciclo lunar, es un gran momento para los hechizos relacionados con los nuevos comienzos o la limpieza de ti mismo para prepararte para este próximo ciclo de la vida. Los hechizos realizados bajo la luna nueva te afectarán durante los siguientes 28 días del ciclo lunar. Este es un momento particularmente bueno para los rituales de purificación.

Luna creciente

La luna creciente representa un período de intensificación constante de la energía lunar. Es un buen momento para realizar hechizos que necesiten resultados rápidos.

Luna llena

La luna llena representa un momento de culminación y maduración. Este es un buen momento para realizar hechizos relacionados con tu sentido del yo y hechizos que hayas realizado anteriormente durante este ciclo lunar.

Luna menguante

La luna menguante es un momento de inversión. Este es un buen momento para realizar hechizos relacionados con la sanación o deshacer alguna influencia negativa.

Luna creciente

La luna creciente es un tiempo de crecimiento y atracción. Usa este momento para hechizos relacionados con la riqueza, la abundancia y el éxito. Este es el momento en el que serás más magnético.

Días de la semana

Usar los días de la semana como un elemento para tus hechizos puede impactar seriamente en la efectividad de los mismos. Programar un hechizo puede parecer extraño. Sin embargo, si sabes que vas a realizar un hechizo en un día determinado, te da tiempo para meditar sobre tus intenciones y empezar con la máxima energía y concentración.

Lunes

El lunes es el día de la luna y un gran día para disfrutar de la magia lunar y acceder a tu energía femenina. Se asocia con el amor, la sanación, el equilibrio, la pureza y la sabiduría espiritual, los colores blanco, azul claro y verde pastel. Las hierbas asociadas son el sándalo, el jengibre y el jazmín.

Martes

El martes es el día de Marte. Se asocia con la fuerza y el poder y es un buen momento para realizar hechizos que te ayuden a superar un momento difícil. Intensificará los efectos de los rituales relacionados con la justicia, los asuntos legales, la reversión de maldiciones, el coraje y la confianza. Se asocia con el color rojo, los ajíes picantes, el tomillo, el geranio y la ortiga.

Miércoles

El miércoles es el día de Mercurio. El miércoles es un gran día para atender tus necesidades de comunicación y descubrimiento. Los hechizos relacionados con la tecnología, el conocimiento, la sabiduría, la apertura espiritual y la aventura serán particularmente poderosos. Intensifica los resultados de los hechizos utilizando colores amarillo claro, verde oscuro, cobre o marrón y usando anís, canela, comino, hinojo, lavanda o manzanilla.

Jueves

El jueves es el día de Juniper. Recibimos el nombre de jueves del dios nórdico Thor, el dios del trueno. Este día se asocia con la energía masculina intensa y el poder. Puedes utilizar este día para potenciar hechizos relacionados con la fertilidad, la fuerza, el poder, el liderazgo y la salud. Se asocia con los colores azul, turquesa y violeta. Para las hierbas, utiliza nuez moscada, cedro, azafrán, cedro o menta.

Viernes

El viernes es el día de Venus, tanto el planeta como la diosa del amor. Es un gran día para aprovechar la energía femenina y realizar hechizos relacionados con el amor, las relaciones, la fertilidad, la pasión, la belleza y la maternidad. Utiliza el color rosa y hierbas como el mirto, la rosa, el azahar y la verbena en tus hechizos.

Sábado

El sábado es el día de Saturno y está asociado con el yo. Utiliza este día para realizar hechizos relacionados con el autocuidado, la sabiduría, romper con malos hábitos o influencias, librarte de la negatividad o el crecimiento personal. Se asocia con los colores verde oliva, negro y marrón, y con las hierbas mirra, diente de león y ciprés.

Domingo

El domingo es, por supuesto, el día del sol. Este día puedes aprovechar la energía divina masculina del sol y potenciar tus hechizos. Se asocia con el dinero, la fuerza, el éxito y la prosperidad. Utiliza los colores amarillo, naranja y dorado, y las hierbas laurel azafrán, canela y naranja.

Energía positiva y negativa

A medida que avanzamos en nuestra vida, acumulamos energía de la misma manera que acumulamos suciedad y mugre en la piel y la ropa. Cada persona con la que interactuamos, cada emoción que tenemos y cada lugar espiritual por el que pasamos afectan a nuestra energía de forma positiva y negativa y, cuando llegamos a casa, toda esa energía se aferra a nosotros. Estas energías pueden entorpecer nuestro hechizo. A veces, nuestra energía puede ser demasiado complicada y perturbada, lo que conduce a intenciones poco claras y resultados desfavorables. Otras veces, podemos quedar estancados por la energía negativa, ya sea por casualidad, circunstancias negativas, o un maleficio / maldición, lo que puede causar que nuestros hechizos no funcionen o vuelvan para hacernos daño.

La purificación es increíblemente importante en el Hoodoo. Antes de lanzar un hechizo, asegúrate de que tus herramientas, mente, cuerpo y alma están puros espiritualmente. Al purificarte de la energía negativa, puedes atraer la energía positiva que te alimentará y fortalecerá. Sahumar es la forma más común de purificarse y purificar los espacios. Basta con tomar un manojo de una hierba purificadora, como el romero o la salvia, y quemarlo mientras soplas el humo sobre cualquier cosa que necesite ser purificada. También puedes dedicar este tiempo a rezar una oración para desterrar cualquier energía o espíritu negativo.

Baño de purificación

Una de las formas más potentes de purificarse es mediante un baño espiritual. El baño espiritual es increíblemente importante en la comunidad negra, incluso fuera del Hoodoo. Muchas culturas de África Occidental veneraban el agua y la purificación. Los rituales modernos del bautismo negro siguen siendo únicos con respecto a los de nuestras contrapartes blancas y son muy similares a las prácticas de nuestros antepasados africanos. La limpieza con agua imita el agua del vientre materno por el que pasamos a este mundo, y representa el cruce de la barrera entre el mundo físico y el espiritual. El agua limpia tanto el cuerpo como el alma.

Metas

Los baños de purificación pueden ayudarte a alcanzar muchos objetivos espirituales y energéticos únicos. La forma en que prepares tu baño espiritual dependerá de tus propias necesidades y de tu intuición como practicante. También cambiará y se desarrollará a medida que tú lo hagas. Hay cuatro objetivos principales que puedes alcanzar a través de un baño espiritual.

Cortar lazos

En nuestra vida cotidiana, a menudo nos encontramos con situaciones que nos frenan. Para algunos, puede tratarse de relaciones. Incluso después de una ruptura o una muerte, nuestras almas permanecen conectadas a otras. Si esas relaciones no fueron positivas, esos lazos pueden seguir afectándonos negativamente cuando intentamos seguir adelante. La formación de lazos es en parte la razón por la que los hechizos de amor pueden ser peligrosos. Si una persona se obsesiona contigo y los sentimientos son demasiado intensos o no correspondidos, puede que necesites tomar medios espirituales para romper ese lazo y protegerte.

También puede tratarse de ataduras espirituales. Puede que estés atado a una determinada forma de pensar, a un trauma o a la culpa. Puede ser difícil cambiar como persona cuando sigues atado a tu pasado. Las ataduras a una versión inferior de ti mismo podrían ser la razón por la que sigues cayendo en malos hábitos o luchando por alcanzar tus objetivos.

Protección

El poder atrae enemigos. A medida que creces como practicante de Hoodoo, puedes llamar la atención de personas o espíritus que no velan por tus intereses. Este es el principio del Mal de Ojo, la maldición de alguien que te mira con envidia. Si la gente te ve prosperar espiritual, mental y físicamente, es posible que empieces a ver cómo surgen más barreras y conflictos en tu camino. Los baños de protección pueden ayudarte a defenderte de estas fuerzas. Puedes hacer esto en tu día a día y cuando sepas que tu vida está a punto de tomar un rumbo peligroso.

Atracción

Tan importante como mantener la negatividad alejada de tu vida es asegurarte de que te recargas y atraes energía positiva. Los baños de purificación también pueden ayudarte a convertirte en un imán para las cosas buenas espiritual, física y mentalmente. Los baños de atracción pueden adaptarse para atraer algo específico, ya sea sabiduría espiritual, amor o riqueza.

Instrucciones para un baño de purificación básico

Este es un ritual básico de baño de purificación que puedes utilizar para repeler la negatividad y prepararte para absorber toda la energía positiva que los espíritus te envíen. Este es un gran ritual para un practicante principiante que nunca ha pasado por un ritual de purificación. Es una especie de limpieza espiritual profunda que puede prepararte para un nuevo comienzo.

Es importante recordar que debes mantener separados tus baños espirituales y de higiene. Asegúrate de haberte limpiado por completo antes de embarcarte en un baño espiritual. Tampoco debes hacerlo durante la menstruación, ya que la sangre es una poderosa sustancia mágica y puede alterar los efectos del ritual.

Día 1

Justo después de la puesta de sol, llena la bañera con agua caliente. Coloca dos velas blancas en el borde de la bañera y enciéndelas para crear una puerta por la que entrarás. Añade ½ taza de vinagre, unas gotas de amoníaco y las siguientes hierbas: raíces de diente de león, ajenjo, milenrama, ortiga, marrubio y pétalos de flores rojas o violetas. Puedes colocarlos en una bolsita de té o en una gasa para evitar que los pétalos obstruyan el desagüe.

Atraviesa el portal de las velas y sumérgete en el agua. Medita sobre las fuerzas negativas que quieres que sean repelidas de tu vida, así como sobre los resultados positivos que deseas. Mientras lo haces, sumérgete en el agua al menos siete veces.

Cuando hayas terminado, sal de la bañera por el portal de velas. Déjate secar al aire y deja que la mezcla penetre en tu piel. Recoge una taza del agua y sácala fuera. Ponte de cara al Oeste y sujeta la taza sobre la cabeza mientras dices las palabras "Cualquier atadura que las fuerzas o espíritus negativos tengan sobre mí se ha roto. Estoy libre de todo vínculo negativo. Al echar esta agua sobre mi cabeza, también estoy echando fuera todo espíritu y energía negativos en mi vida." Una vez dichas las palabras, arroja el agua.

Día 2

Justo antes del amanecer, prepara un baño caliente y enciende tu portal de velas. Rompe un huevo en el agua y añade miel, leche, manzanilla, angélica, pimienta de Jamaica, hisopo, hojas de consuelda, canela, nuez moscada y pétalos de flores blancas. Atraviesa el portal y sumérgete en el agua. Concéntrate en el dulce aroma y deja que te inspire pensamientos y sentimientos positivos. Sumérgete en el agua al menos cinco veces, sintiendo cada vez cómo crece la positividad en tu interior.

Cuando hayas terminado, sal de la bañera por el portal y sécate al aire. Toma una cucharada de agua de baño. Si utilizas nuez moscada entera y canela en rama, intenta introducir al menos una de cada una en la taza. Ve afuera y levanta la taza hacia el Este mientras pronuncias estas palabras: "Doy la bienvenida a este día con alegría y regocijo. Me abro a las bendiciones que el mundo tiene para ofrecerme. Atraigo la luz, el amor y la positividad a todos los ámbitos de mi vida. Doy la bienvenida a todos los buenos espíritus a mi corazón y a mi hogar".

Tira el agua hacia el sol. Deja que la mezcla repose sobre tu piel tanto tiempo como te sientas cómodo para que puedas absorber tanta positividad como sea posible.

Día 3

Repite el ritual del segundo día. Disfruta de los frutos de tu trabajo y observa cómo la positividad inunda tu vida.

Conclusión

Todo en esta Tierra es portador de una poderosa energía, tanto positiva como negativa. Estas energías pueden impulsarnos, cambiarnos, influenciarnos, llenarnos o agotarnos. Cuanto más consciente seas de estas energías, más podrás utilizarlas en tu beneficio. Poco a poco te volverás más intuitivo en lo que respecta a la energía a la que te expones y serás más capaz de protegerte de la negatividad y correr hacia la positividad.

CAPÍTULO 5

Yerbatería

La yerbatería o *rootwork* era la única forma de sanación para muchos de los primeros practicantes de Hoodoo y las comunidades a las que servían. A menudo, la medicina tradicional sólo estaba al alcance de los blancos ricos, por lo que los oprimidos tenían que buscar otras formas de tratar las enfermedades comunes y los trastornos graves. La yerbatería y la magia popular de los Apalaches tienen mucho en común porque las poblaciones aisladas de blancos pobres del sur también tenían que depender de la tierra para sobrevivir. Muchas prácticas de la yerbatería también están influidas por los conocimientos de los nativos americanos.

La yerbatería se diferencia de la herboristería en que ésta sólo trata dolencias físicas. La yerbatería, sin embargo, trata tanto lo físico como lo espiritual para conseguir efectos curativos más potentes. Para algunos practicantes de Hoodoo, la yerbatería es el núcleo de su práctica. Incluso si no tienes la intención de sumergirte en los conjuros herbales, es importante tener un conocimiento práctico de las hierbas. El conocimiento de las hierbas influirá en el tipo de incienso que utilices y en los tipos de aceites que hagas. Muchos hechizos requieren hierbas, y cada hechizo puede ser intensificado con ellas.

20 hierbas imprescindibles

Hay miles de hierbas con poder mágico y espiritual. Aunque algunas se usan más comúnmente que otras y otras tienen un significado específico en prácticas concretas, los espíritus residen en todas las plantas. Mientras que las plantas raras pueden ser muy poderosas, también puedes obtener mucha utilidad de las hierbas comunes.

Las siguientes hierbas pueden ayudar a los conjuradores a alcanzar objetivos comunes en sus hechizos, y son imprescindibles en tu altar.

1. Hojas de laurel

Las hojas de laurel son una hierba común y poderosa que se puede encontrar en cualquier tienda de comestibles o plantas. Se asocian con el éxito y la buena fortuna y se utilizan a menudo en hechizos de prosperidad. Debido a que son robustas y planas, las hojas de laurel se pueden utilizar para hacer poderosos papeles de petición. Por ejemplo, si quieres un trabajo o un ascenso, escríbelo en una hoja de laurel y llévala en la cartera. Las hojas de laurel también se asocian con el poder espiritual, la fuerza y la intuición espiritual. Ponte una hoja de laurel en el zapato para caminar con confianza o cuélgala en las esquinas de una habitación para proporcionar protección.

2. Romero

El romero es cálido y aromático, por lo que es un ingrediente habitual en perfumes y hechizos de amor. Es una especie de hierba multiuso en la yerbatería y puede utilizarse para mejorar cualquier hechizo. A menudo se usa para la purificación y los sahúmos y puede ayudar a proporcionar claridad emocional y mental y sanación. El romero también puede proteger y es ideal para tener alrededor de tu casa, especialmente alrededor de tu altar. El romero también puede ayudar a mejorar el sueño.

3. Milenrama

Tanto la flor como la raíz de la milenrama se utilizan en la hechicería. En la mitología, Aquiles supuestamente utilizó la milenrama para curar sus heridas. Desde entonces se ha utilizado para curar heridas y bajar la fiebre. La milenrama se asocia con la fuerza y el valor. Llevar una ramita en el bolsillo puede ayudarte a caminar con fuerza. También se dice que aleja la negatividad y atrae el amor y la pasión. Se dice que colgar milenrama sobre la cama garantiza siete años de felicidad conyugal.

4. Salvia de jardín

La salvia de jardín es el pariente más común de la salvia blanca, que es a la que la mayoría de la gente se refiere cuando menciona la salvia. El problema con la salvia blanca es que es increíblemente importante y sagrada para la comunidad nativa americana, pero la popularización de la magia pop y la brujería ha creado un enorme mercado en auge para la rara planta, haciendo más difícil para los nativos americanos obtenerla. La salvia de jardín puede darte los mismos efectos mágicos sin las preocupaciones éticas de apropiarse de un grupo oprimido.

La salvia se utiliza por sus efectos purificadores, ya sea sola o para intensificar un ramo purificador. Se asocia tanto con la espiritualidad como con la salud y el bienestar general. La salvia es una gran hierba en la que apoyarse cuando necesitas un impulso espiritual o sientes que la energía está algo apagada.

5. Castaña de Indias

Las castañas de indias son nueces de cáscara dura comunes en el medio oeste estadounidense. También es el nombre de un caramelo casero común que se asemeja a una nuez. Se asocian con la riqueza y la suerte, lo que las convierte en una de las herramientas favoritas de los apostadores. Se puede llevar una en el bolsillo mientras se juega a un juego de azar o frotársela en las manos previamente. También puedes llevar una castaña en la cartera para atraer el dinero.

6. Hierba gatera

Aunque la hierba gatera no tiene los mismos efectos psicoactivos para los humanos que para los gatos, tiene una larga historia de usos medicinales, como curar los cólicos de los bebés. Si trabajas con alguna deidad relacionada con los gatos, la hierba gatera puede ayudar a intensificar tu relación. También se asocia con el amor y la belleza, por lo que es una hierba estupenda si intentas atraer la atención de alguien o quieres hacerte irresistible. La hierba gatera también puede utilizarse como sustituto de hierbas de la familia de la menta.

7. Manzanilla

Física y espiritualmente, la manzanilla es curativa y relajante. Es ideal para tratar la ansiedad, el estrés, las molestias gastrointestinales y los problemas menstruales. Con fines espirituales, la manzanilla puede utilizarse en la meditación y para alejar la negatividad. También se asocia con el dinero, la prosperidad y la buena suerte. Puedes lavarte las manos con infusión de manzanilla o bañarte en ella para aumentar tus probabilidades de éxito en un juego de azar o en un asunto legal. También puedes esparcir manzanilla por tu casa para atraer la prosperidad.

8. Anís estrellado

Las semillas de anís estrellado atraen la energía espiritual positiva y el movimiento, y a menudo se utilizan en hechizos relacionados con la positividad. También pueden ayudar a aumentar las habilidades psíquicas, la intuición y la buena suerte. Además, protegen del mal de ojo. Coloca semillas de anís bajo la almohada para alejar los malos sueños o ponlas en tu baño de purificación.

9. Incienso

El incienso es una antigua resina empleada en perfumes y prácticas espirituales. Aparece citado varias veces en la Biblia, incluso como uno de los regalos que recibió Jesús al nacer. El incienso puede ayudar a regular las emociones negativas y a tratar la ansiedad y la depresión. En la práctica espiritual, el incienso ayuda a equilibrar la energía de un entorno y a potenciar el poder y la conciencia espirituales. Se asocia con la purificación, la limpieza, el éxito y la protección. Se usa habitualmente en hechizos de manifestación y puede darte el poder espiritual necesario para lograr tus objetivos. También puedes mezclarlo en un hechizo para asegurarte el éxito.

10. Sándalo

El sándalo abarca una especie entera de árboles que se utilizan comúnmente en perfumes. Puedes comprar y utilizar el sándalo en forma de aceites, incienso, astillas, palos y aserrín. Es un agente espiritual muy fuerte y se asocia con la fuerza y la protección. Puede usarse para alejar la negatividad y como ingrediente en exorcismos o hechizos de protección. Se dice que el humo del sándalo quemado es especialmente poderoso para llevar oraciones a los espíritus. Por ejemplo, puedes escribir tus objetivos o deseos en un trozo de sándalo y quemarlo para que tu deseo se haga realidad.

11. Consuelda

La consuelda es una hierba común con flores que puede crecer en casi todos los entornos. Tiene una larga historia de uso medicinal, específicamente para curar heridas, llagas y tos. Suele usarse en hechizos de sanación y bienestar. Se asocia con los viajeros y se dice que protege a las personas en viajes peligrosos. También puede ayudar a proteger tu propiedad y pertenencias, y se añade a los hechizos de dinero y riqueza con el fin de aumentar el éxito.

12. Artemisa

La artemisa se ha utilizado durante generaciones para tratar problemas menstruales y para abortos a base de hierbas, lo que le confiere una fuerte asociación con la feminidad y la fertilidad. Es portadora de la energía femenina de la luna y puede utilizarse en hechizos lunares y oníricos. Colocar artemisa bajo la almohada puede favorecer un sueño reparador y sueños proféticos. La artemisa también puede ayudar a alejar los espíritus negativos y las pesadillas durante la noche.

13. Manzana

Los practicantes de Hoodoo pueden sacar mucho provecho tanto de la fruta como de las flores del manzano. Las manzanas se asocian con el amor en todas sus formas, la inmortalidad y la sanación. Las manzanas son una herramienta común para comunicarse con los espíritus a través de ofrendas o adivinación. Una práctica adivinatoria común consiste en abrir una manzana y contar las semillas para ver si te llegará un amor. Un número impar de semillas significa que permanecerás soltero durante un tiempo, pero un número par de semillas significa que el amor está en camino.

14. Raíz de Angélica

La raíz de angélica invoca una poderosa energía femenina, por lo que es una hierba imprescindible para cualquier yerbatera. Se asocia principalmente con la protección y puede invocarse tanto para la seguridad física como para la espiritual. La angélica puede ayudar a desterrar espíritus negativos y romper maldiciones. Cultiva raíces de angélica alrededor de tu casa para proteger a todos sus habitantes.

15. Jengibre

El jengibre es energizante y fortalecedor. Masticar un poco de jengibre antes de realizar un ritual puede amplificar tu poder personal y los efectos de todos los demás ingredientes del hechizo. También se asocia con la sexualidad, la pasión y la confianza. Una raíz de jengibre con forma de cuerpo humano puede ser una poderosa herramienta para realizar hechizos.

16. Semilla de mostaza

La mostaza se asocia con la fuerza, la fe y el valor. Llevar mostaza en un amuleto o colocarla alrededor de tu altar puede ayudarte a mantener la confianza en ti mismo y en tus aliados espirituales. La mostaza negra se conoce a veces como "la semilla del conflicto", ya que puede utilizarse para causar confusión y conflicto en la vida de tus enemigos.

17. Diente de león

El diente de león puede ayudarte a invocar a los espíritus y a comunicarte con ellos. Las raíces de diente de león en la almohada pueden ayudarte a tener sueños proféticos. También puedes incluir el diente de león en tus hechizos para que tus deseos se hagan realidad.

18. Mandrágora

La mandrágora se ha utilizado medicinalmente para tratar trastornos hepáticos y gastrointestinales. Es especialmente popular en diversas prácticas de magia popular porque suele representar una figura humana. Puede utilizarse en rituales de magia simpática dirigidos a una persona en particular. También se asocia con la fertilidad, la protección y la riqueza.

19. Tréboles

Ya sean de tres o de cuatro hojas, los tréboles se asocian a la buena suerte y pueden utilizarse para asegurar el éxito. Atraen la riqueza y la prosperidad y son un ingrediente habitual en los hechizos para el dinero. Llevar un trébol en la cartera puede ayudarte a atraer más dinero. También puedes plantar tréboles alrededor de tu negocio para atraer más negocios. Los tréboles rojos están asociados con el éxito financiero, pero también se pueden utilizar en hechizos de amor y lujuria.

20. Lavanda

La lavanda es calmante, pacífica y promueve el bienestar

espiritual y emocional. Puede garantizar un sueño tranquilo y alejar la negatividad y las pesadillas. También se asocia con el amor, por lo que es una hierba ideal para tener en la almohada o debajo de la cama.

Consejos para cultivar tus propias hierbas

Si tienes intención de dedicarte a la yerbatería, es importante que dispongas de un suministro constante de hierbas. Cultivar tus propias hierbas es una forma estupenda de conectar con las herramientas de tu oficio y asegurarte de que siempre tienes lo que necesitas. Si te sientes atraído por una hierba en concreto o sabes que vas a realizar un hechizo de protección, amor o riqueza, puedes adaptar tu jardín a tus necesidades. Mientras cultivas y cuidas tus hierbas, las estarás impregnando con tu propia energía y tus intenciones, potenciando aún más tus hechizos. La mayoría de las hierbas son relativamente fáciles de cultivar en comparación con otras plantas comunes de la casa y del jardín. Sin embargo, si vas a cultivar tus propias hierbas, debes asegurarte de hacerlo bien para mostrar respeto a la madre naturaleza y obtener hierbas lo más poderosas posible.

Macetas

Cultivar tus hierbas en interior es una gran opción, especialmente si el clima de tu región es impredecible o si simplemente quieres animar tu espacio. Empezar con plantas ya sembradas puede ser un buen comienzo para los principiantes. De todos modos, a medida que crezcan tus hierbas y tus necesidades, probablemente tendrás que hacerte con tus propias macetas.

Asegúrate de que las macetas tienen el tamaño adecuado para la planta. Si la maceta es demasiado grande, las raíces no crecerán correctamente sin apoyarse en los lados de la maceta. Si la maceta es demasiado pequeña o si la abarrotas con varias plantas, éstas pueden asfixiarse y carecer de espacio para crecer. Puedes empezar con una maceta pequeña e ir trasplantando la planta a medida que crezca.

Cada maceta tiene sus ventajas. Muchas jardineras de plástico tienen depósitos en el fondo para que el exceso de agua salga y evitar que la planta se ahogue si la riegas en exceso. Pero no son la opción más bonita. Las macetas de terracota son una gran alternativa, ya que son transpirables, resistentes y fáciles de mover. Sin embargo, secan la tierra rápidamente, por lo que tendrás que regarlas con regularidad.

Cuidado de tus plantas

Las hierbas deben regarse todos los días. Lo mejor es regarlas por la mañana, para que tengan tiempo de absorber el agua antes de que el sol la evapore.

En cuanto al sol, mantenlas junto a una ventana para que reciban el máximo sol posible. Esto puede ser difícil durante el invierno, así que si tienes dificultades para mantener tus plantas vivas, considera la posibilidad de utilizar una luz de cultivo. También debes añadir tierra y abono nuevo cada pocas semanas para asegurarte de que tus plantas reciben los nutrientes necesarios. Elige un abono rico en nitrógeno.

Hierbas suaves vs. hierbas leñosas

Cada hierba requiere cuidados diferentes. Las hierbas suaves, a veces llamadas hierbas anuales, necesitan ser replantadas una vez al año, ya que mueren en invierno. Son hierbas como la albahaca, el eneldo, el perejil y la manzanilla. Las perennes, también llamadas leñosas, son más robustas y suelen tener tallos más gruesos. Son hierbas como el hinojo, la menta, la ciboulette y la hierba limón. Estas plantas entran en letargo en invierno y siguen creciendo la temporada siguiente sin necesidad de replantarlas.

Propagar y podar

La poda ayuda a tu planta a crecer con la mejor forma y tamaño. Aunque los detalles de la poda varían de una planta a otra, básicamente debes arrancar las hojas de la parte superior de la planta antes de que empiece a florecer. Esto ayudará a que tu planta crezca densa y abundante.

La propagación consiste en crear más plantas a partir de la primera. Sólo tienes que tomar un pequeño trozo de la planta existente, como una rama o una raíz, y ponerlo en su propia maceta para que crezca.

Consejos para recolectar

Forrajear es una opción igualmente positiva para conseguir las hierbas que necesitas. En primer lugar, no requiere el mismo esfuerzo ni el mismo conocimiento sobre las plantas que si las cultivas tú mismo. Cultivar hierbas dentro de casa no es una opción viable para muchas personas, ya sea porque viven en un espacio pequeño, tienen alergias o simplemente carecen de habilidad para la jardinería.

La recolección de hierbas es también una forma estupenda de sintonizar con la naturaleza. Hoy en día, muchos de nosotros estamos desconectados de la Tierra. Si te encuentras con dificultades a la hora de lanzar hechizos, puede que ésta sea la causa. Forrajear te da una oportunidad perfecta para salir al sol y meditar sobre todos los regalos que la Madre Naturaleza tiene para ofrecernos. Alejarse del ajetreo de la vida moderna puede ser curativo para el espíritu, la mente y el cuerpo.

Conoce tu área

Asegúrate de conocer bien la flora de tu zona. No querrás llevarte una decepción si sales a buscar algo que simplemente no crece en tu entorno. Tampoco querrás perder la oportunidad de elegir algo único del lugar.

Educarte sobre las plantas de tu zona es también una precaución sanitaria necesaria. Hay muchas plantas venenosas que imitan a otras que no lo son. Aunque no tengas intención de comer nada de lo que recolectes, puedes ponerte en peligro si quemas o manipulas ciertas plantas venenosas. Lleva contigo a un recolector experimentado para que te ayude a entrenar tu vista y a no ponerte en peligro. Si no tienes un amigo recolector, puedes llevarte un libro de plantas locales.

También debes conocer las leyes locales. En algunos lugares puede haber leyes que prohíben la recolección de plantas, o puede haber plantas raras o en peligro de extinción cuya recolección sea ilegal. Tampoco querrás invadir propiedad privada.

Llévate sólo lo que necesites

Encontrar la hierba que buscas puede ser emocionante, y puede ser tentador llevarte todo lo que puedas por miedo a no tener otra oportunidad. Sin embargo, la recolección excesiva puede dañar el entorno natural. Puede que pienses que una sola persona no puede hacer mucho daño, pero el daño sigue siendo daño y es una falta de respeto a la Madre Tierra. Toma sólo lo que vayas a usar y confía en que la Madre Naturaleza te proveerá cuando lo necesites. Cada vez que te lleves algo, asegúrate de rezar una oración de agradecimiento por el regalo que has recibido.

Peligros de las hierbas

Las plantas no venenosas pueden ser peligrosas en determinadas situaciones. Asegúrate de conocer los riesgos que presentan tus hierbas, sobre todo si vives en una casa con personas que pueden ser vulnerables.

Mujeres embarazadas

Las mujeres embarazadas deben evitar consumir o manipular estas hierbas, ya que pueden aumentar el riesgo de aborto espontáneo, parto prematuro o problemas de salud para la madre y el feto.

- Angélica

- Albahaca

- Cohosh negro

- Hierba Gatera

- Consuelda

- Parthenium

- Sello de oro

- Muérdago

- Artemisa

- Poleo

- Romero

- Milenrama

Mascotas

Estas hierbas pueden ser peligrosas para los animales domésticos comunes. Lo mejor es mantenerlas fuera de casa o, por lo menos, en un lugar donde la mascota no pueda alcanzarlas.

- Castaña de Indias: Puede causar vómitos, diarrea, convulsiones musculares y temblores en gatos y perros.

- Manzanilla: Puede causar vómitos y diarrea en gatos y perros.

- Bayas de acebo: pueden causar salivación, problemas estomacales y temblores en la cabeza en gatos y perros.

- Hierba Jinson: Puede causar sensibilidad ocular, inquietud y ansiedad en perros, gatos, caballos y ganado.

- Muérdago: Puede causar salivación, vómitos, diarrea, dolor de estómago y muerte en gatos y perros.

- Aceite de menta: Puede causar insuficiencia hepática y aborto espontáneo en gatos y perros.

- Tabaco: Puede causar vómitos, problemas cardíacos, hiperventilación, sobreestimulación, parálisis y muerte en gatos y perros.

Personas medicadas

Algunos suplementos herbales pueden interactuar con fármacos. Si tomas medicación, habla con tu médico antes de consumir cualquiera de estas hierbas.

- Cohosh negro: puede causar toxicidad hepática cuando se combina con atorvastatina, acetaminofén y alcohol.

- Arándano rojo: Puede intensificar los efectos de los anticoagulantes y aumentar el sangrado y los hematomas.

- Equinácea: Puede afectar los niveles de rasagilina o tizanidina.

- Aceite de onagra: Puede intensificar los efectos de los anticoagulantes y aumentar el sangrado y los hematomas.

- Valeriana: Puede causar somnolencia y mareos cuando se combina con antidepresivos ISRS, analgésicos, ansiolíticos, somníferos, relajantes musculares, alcohol o anticonvulsivos.

- Hierba de San Juan: Puede causar efectos adversos cuando se combina con anticonceptivos, antidepresivos, warfarina, nefazodona o ciertos medicamentos para el VIH / SIDA.

- Kava: Puede causar toxicidad hepática cuando se mezcla con alcohol. Puede causar depresión respiratoria, coma y muerte cuando se mezcla con buprenorfina.

- Ginseng: Puede afectar los niveles de insulina en quienes toman medicación para la diabetes.

- Yohimbe: Puede provocar hipertensión y taquicardia.

- Matricaria: puede causar aumento del sangrado cuando se combina con aspirina, warfarina, heparina, clopidogrel, dabigatrán, edoxabán, rivaroxabán o dalteparina.

- Sello de oro: Puede causar arritmia cuando se combina con antipsicóticos.

Hechizos y amuletos rápidos y fáciles

Mientras que las hierbas son un ingrediente en muchos hechizos complicados, lo bueno de la yerbatería es que hay muchos rituales simples que toman minutos para empezar a cambiar tu vida.

Dinero, suerte y prosperidad

- Lleva siete bayas secas de pimienta de Jamaica en el bolsillo o atadas a la camiseta para asegurarte de que tendrás suerte con el dinero durante los próximos siete días.

- Coloca una planta de espino o unos ramitos en tu mesa de

trabajo para aumentar tu productividad y calidad.

- Coloca una planta de albahaca en tu escritorio para que te ayude a afrontar los retos laborales.

- Lleva un trozo de incienso en el bolsillo para triunfar en una entrevista o reunión de trabajo.

- Frota tu dinero con bergamota o pon hojas de bergamota en tu billetera para que tu dinero se multiplique.

- Guarda una nuez en el bolsillo o prepárate un pastel de nuez para tener éxito en una entrevista de trabajo.

- Espolvorea manzanilla por tu casa para asegurar la prosperidad.

- Lleva un frijol tonka en el bolsillo o en la billetera para asegurar la estabilidad financiera.

- Espolvorea albahaca en el suelo y luego bárrela por la puerta de atrás para atraer dinero a tu casa.

- Haz una mezcla de canela y azúcar y espolvoréala sobre dinero en efectivo. Agita el dinero alrededor de la puerta de tu casa, negocio o sobre una mesa de apuestas para atraer el dinero.

- Lleva un trébol en el bolsillo cuando apuestes para asegurarte una victoria.

- Pon una nuez moscada en tu bolsillo cuando apuestes para asegurarte una victoria.

- Lava tu ropa de trabajo con una infusión de tomillo aguada para asegurar el éxito laboral.

- Lleva avellanas en el bolsillo o cuelga una rama de avellano sobre la puerta de tu casa para asegurar la buena suerte.

- Cuelga ramas de acebo alrededor de tu casa para atraer la buena suerte a todos los que allí vivan.

- Come granada para aumentar tu suerte.

- Pon polígala de Virginia alrededor de tu casa para alejar la mala suerte.

- Cultiva girasoles alrededor de tu casa para asegurar un hogar con suerte. Arranca uno al atardecer y llévalo en el cuerpo al día siguiente para que la suerte te acompañe.

Amor

- Cultiva corazón de la virgen en tu casa para llenarla de amor.

- Usa un tulipán cuando estés cerca del objeto de tu deseo para asegurarte de que no pueda quitarte los ojos de encima.

- Viste violetas, margaritas y narcisos para atraer la atención de un nuevo enamorado.

- Prepara un popurrí de cáscaras de limón y naranja para fortalecer tus amistades.

- Quema anís dulce para reparar una amistad.

- Prepara una torta con pimienta de Jamaica, canela y clavo, y regálasela al objeto de tu afecto para profundizar la conexión.

- Come ginseng para mejorar tu rendimiento sexual.

- Date un baño con semillas de eneldo para volverte irresistible al objeto de tu afecto.

- Consume yohimbe para mejorar tu rendimiento sexual.

Fuerza y protección

- Cuelga muérdago en tus puertas y ventanas para protegerte de las fuerzas negativas.

- Lleva cedro en tu bolsillo para llenarte de coraje para enfrentar nuevos desafíos.

- Ponte un frijol tonka cuando te enfrentes a un nuevo reto, especialmente uno legal, o cuando necesites un aumento de coraje.

- Coloca ramas de canela debajo de tu cama para aumentar

tu coraje general.

- Quema gordolobo cuando necesites coraje en tu trabajo.

- Un roble en tu jardín te ayudará a tener coraje a largo plazo. Lleva una bellota en tu bolsillo para llevar ese coraje contigo.

- Lleva una hoja de laurel en tu bolsillo para ayudarte a caminar con coraje.

- Ten una planta de áloe en casa para protegerte a ti y a los tuyos de accidentes peligrosos.

- Cultiva plantas de acebo alrededor de tu casa para crear una barrera protectora.

- Cultiva hisopo alrededor de tu casa o llévalo contigo para una protección mágica.

- Coloca brezo en tu almohada para protegerte de ataques espirituales cuando duermas.

- Coloca mandrágora bajo tu alfombra de bienvenida para proteger tu hogar.

- Pon artemisa en la almohada o debajo de la cama para protegerte de las maldiciones

- Cuelga trenzas de cebolla en tu casa para proteger a sus habitantes.

- Quema o lleva contigo cardo para que te ayude a desarrollar fuerza emocional y coraje.

Bienestar emocional

- Coloca lavanda en la funda de tu almohada para reducir el estrés.

- Bebe té de valeriana para controlar la ansiedad.

- Quema cabezas de diente de león para ayudar a tratar la depresión.

- Quema incienso de lavanda o usa aceite esencial de lavanda para aliviar el estrés y la ansiedad.

- Come madreselva o prepárate un té para aumentar tu fuerza emocional.

- Toma un baño de artemisa para fomentar un sueño reparador.

- Coloca un frasco con romero junto a tu cama para favorecer un sueño reparador.

Poder espiritual

- Utiliza madera, hojas o bayas de serbal para hacer un báculo adivinatorio.

- Quema salvia para comunicarte mejor con los espíritus.

- Quema jazmín cerca de la cama para tener sueños proféticos.

- Quema o fuma tabaco para comunicarte mejor con los espíritus.

- Quema heliotropo para comunicarte mejor con las deidades relacionadas con el sol.

Conclusión

La práctica de la yerbatería es tan amplia como la propia Madre Naturaleza. Sea lo que sea lo que quieras conseguir, ya sea bienestar emocional, un escape de la medicina tradicional, crecimiento espiritual o simplemente una conexión más profunda con la Tierra, puedes conseguirlo a través de la yerbatería. Desde el punto de vista científico, las plantas son fascinantes, pero cuando abres el mundo de la espiritualidad, son un tema infinitamente fascinante. No dejes que esto sea el final de tu investigación en el mundo de la yerbatería. Por el contrario, deja que éste sea el comienzo de tu viaje hacia el descubrimiento.

CAPÍTULO 6

Magia con velas

Las velas son otro pilar no sólo del Hoodoo, sino de la magia popular en general. La mayoría de los hechizos van a requerir velas. Mientras que algunos hechizos sólo utilizan velas como un medio para mantener la concentración espiritual y llamar a los espíritus, otros hechizos usan velas como el núcleo del ritual. Puedes lograr mucho con sólo tu altar, una vela y una intención clara. Sin embargo, con tantas opciones y pasillos y pasillos de velas en cada tienda, cómo empezar a practicar la magia con velas puede parecer poco claro.

Bases de un Hechizo con Velas

Las reglas básicas de un hechizo con velas pueden ser modificadas para cualquier objetivo o intención. Una vez que entiendas estas reglas, puedes incorporarlas a tu hechizo regular y empezar a ver resultados. Una vela es una herramienta para comunicarse con los espíritus. En un hechizo con velas, necesitas colocar todas tus metas e intenciones en la vela. Entonces, mientras la quemas, tus intenciones serán llevadas a tus espíritus. He aquí cómo hacer que tus intenciones se materialicen:

Seleccionar la vela

Para un hechizo con velas básico, utiliza una vela de pilar que sólo arda durante unas horas. Debes elegir una vela hecha de cera natural sin aromas ni aditivos. Los aceites o hierbas en una vela perfumada pueden entrar en conflicto con tus objetivos espirituales, así que a menos que sea una vela Hoodoo con un uso específico, es mejor evitarlas. El color es la mejor manera de expresar tus objetivos para un ritual con velas, así que asegúrate de que tienes un propósito y eres consciente de lo que quieres. Mucha gente opta por encender varias velas durante un ritual para crear ambiente y atraer mejor a los espíritus. Para ello, enciende velas pequeñas y la vela principal.

Consagrar

El siguiente paso es identificar la vela como una herramienta para tus objetivos espirituales y atraer energía positiva consagrando o vistiendo la vela. Para ello, debes elegir un aceite espiritual. Puede ser un aceite básico como el de oliva o el de canola. También puede ser una mezcla de aceites sagrados, como el aceite de Abramelin, o una mezcla de aceites Hoodoo específica relacionada con tus objetivos.

Sostén la vela en tu mano izquierda con la base hacia ti. Moja tu dedo derecho en el aceite sagrado y frótalo sobre la vela. Si quieres hacer un hechizo para negar o repeler algo, pasa el dedo desde la base hacia la punta. Si quieres atraer algo hacia ti, frota la vela hacia ti desde la punta hasta la base. Aprovecha para rezar una oración sobre la vela. También puedes rodar tu vela en un polvo espiritual.

Rellenar, tallar y cargar

Ahora que la vela está consagrada, puedes invocar tus objetivos tallándolos en ella. Escribiendo desde la punta hasta la base, anota tu nombre y el nombre de la persona a la que quieres dirigir el ritual si es para otra persona. También puedes utilizar runas, signos del zodiaco o tu simbología para representar los objetivos del hechizo.

También puedes rellenar la vela haciendo un agujero en el fondo y poniéndole polvos y hierbas relacionados con tus objetivos. Por ejemplo, si estás realizando un hechizo de amor, puedes ponerle lavanda, rosa y jengibre. Una vez llena, sella el agujero con la cera.

Por último, puedes cargar tu vela con energía espiritual para potenciar el hechizo. Haz un triángulo con tus manos y coloca la vela en el centro mientras rezas sobre ella acerca de tus deseos y tu fe en los espíritus. Puedes hacer esto mientras miras una imagen o algo que simbolice lo que deseas para mantener tus intenciones claras e intensas. Una vez que estés satisfecho, golpea la vela tres veces sobre la mesa para sellar tus intenciones.

Encender la vela

Ahora que tus intenciones están selladas y definidas, coloca la vela en el altar y enciéndela. Ahueca las manos alrededor de la vela e imagina el calor y la luz de la llama como el poder de tu intención. Deja que la sensación te mantenga centrado en tus deseos. Puedes aprovechar este momento para rezar una oración o cantar algo relacionado con tus objetivos. Tu espíritu te dirá cuándo has completado el ritual. Lo mejor es dejar que la vela se consuma sola.

También puedes utilizar el desecho de la vela para expresar mejor tus objetivos. Si hiciste un hechizo para el éxito en los negocios, podrías enterrarla fuera de tu negocio para atraer dinero. Si el objetivo era repeler algo, tira la vela en agua corriente para que fluya lejos de ti. Si el hechizo era para debilitar algo o a alguien, entiérrala en el oeste cuando se ponga el sol. También puedes guardar la cera para reutilizarla en otro hechizo.

Tipos de velas

Hay muchos tipos diferentes de velas que son exclusivas del Hoodoo y tienen propósitos específicos. Comprar velas Hoodoo ya hechas es una manera fácil de cumplir un objetivo específico mientras apoyas y te comunicas con otros practicantes. Asegúrate de que las velas que compras provienen de practicantes Hoodoo reales, están hechas de ceras y hierbas naturales, y no incluyen rellenos artificiales.

Descruzamiento

Estas velas cálidas y amaderadas se utilizan para eliminar la negatividad y romper lazos dañinos como la culpa, los malos hábitos o las malas relaciones. Pásate la vela por el cuerpo y por debajo de los pies antes de quemarla para asegurarte de que se rompen todos los lazos.

Tranquilidad

Estas velas son frescas y tranquilas, con un fuerte aroma a lavanda. Se pueden utilizar para traer la paz, tanto interna como externamente. Pueden ayudar a resolver conflictos en el hogar o a calmar una mente agitada. Si tienes que lidiar con un hogar tumultuoso, escribe en un papel los nombres de todas las personas de la casa y los problemas que tienen y colócalo debajo de la vela. Quema la vela cada día y observa cómo tus problemas se consumen con la cera.

Bendición del hogar

Las velas de Bendición del Hogar son amaderadas y florales, normalmente con romero y salvia, para atraer protección y energía positiva al hogar. Estas velas pueden ayudar a proteger a los ocupantes de cualquier daño y alejar la negatividad y los invitados dañinos.

Ven a Mí

Esta vela está pensada para atraer el amor y la lujuria a tu vida. Quemar esta vela puede ayudar a romper los límites que puedan interponerse entre tú y el objeto de tu deseo, y ayudarte a acceder a tu propia sensualidad. También puede ayudar a revitalizar una relación existente.

Corona de Gloria

Estas velas amarillas y terrosas te ayudarán a alzarte en tu verdadera gloria y a alcanzar el éxito y la victoria. Úsala cuando necesites reforzar tu fe en ti mismo o cuando estés trabajando para superar un obstáculo.

Detén el chisme

A veces conocidas como velas Lengua Atada, se utilizan para callar los boca floja, evitar que la gente difunda rumores sobre ti y curar el daño causado por los chismes. Puedes quemarla si tienes la corazonada de que alguien está hablando de ti. Si sabes que una persona en concreto es la culpable, puedes grabar su nombre en la vela.

Juan el Conquistador

Estas velas invocan el poder masculino de Juan el Conquistador. Usa esta vela cuando necesites aumentar tu confianza, bravura, fuerza y resistencia, independientemente de tu género. Pueden ayudarte a superar obstáculos y son estupendas en rituales que requieran disciplina y concentración. La Raíz de Juan el Conquistador es una hierba increíblemente sagrada en el Hoodoo, así que asegúrate de utilizar esta vela y sus hechizos con respeto y reverencia.

Atrae dinero

Estas velas te ayudarán a atraer dinero para ti, tu negocio o tu casa. Si tienes un objetivo monetario específico, escríbelo -junto con tu profesión- en un trozo de papel y colócalo debajo de la vela mientras la quemas.

7 de la suerte

Las velas 7 de la suerte son de color naranja y desprenden un aroma a especias otoñales. Se usan para atraer la buena suerte en todas las cosas. Son especialmente buenas antes de un gran acontecimiento, como un examen, una audición o cuando simplemente necesitas un golpe de suerte.

Inversión

Las velas de Inversión, también conocidas como velas "Devolver al remitente", están pensadas para reflejar cualquier energía negativa que te envíen. No son necesariamente maldiciones, pero si alguien te ha maldecido, esta vela se asegurará de que la persona que te apunta caiga víctima de sus propios ataques. Incluso si no es un ataque espiritual, esta vela devolverá la energía negativa y la mala voluntad. Fortalece este hechizo quemando la vela encima de su foto.

Limpieza

Las velas de limpieza espiritual están llenas de salvia y cedro, y se usan para purificar un espacio. Estas velas son ideales para usar durante un baño de purificación para ayudar a alejar la energía negativa y crear un entorno espiritualmente positivo. También puedes quemar una vela de limpieza en tu altar antes de realizar un ritual.

Trabajo estable

Las velas de Trabajo Estable se usan para garantizar que siempre tendrás una fuente de ingresos. Puedes usarla mientras buscas trabajo o como estímulo antes de una entrevista. También puedes usar esta vela para atraer el éxito a tu negocio y asegurar un crecimiento y éxito constantes.

Doble acción

Las velas de doble acción combinan el poder de dos colores para revertir un efecto negativo y atraer un efecto positivo. Estas son ideales cuando algo se interpone en el camino. Las velas blancas y negras se utilizan para atraer la positividad y alejar las influencias malignas. Las velas negras y rojas se utilizan para quitar los límites y conflictos que se interponen en el camino del amor y atraer energía amorosa, nuevas parejas y romance. Las velas negras y verdes eliminan los problemas de dinero y atraen la riqueza y la prosperidad.

Triple acción

Estas velas combinan el poder de tres colores. Una forma de utilizar estas velas es quemar un color al día durante tres días para centrarse en cada parte de tu deseo. Son más útiles cuando tienes un objetivo complicado. Las velas de triple acción más comunes son las rojas, blancas y verdes para la riqueza, la suerte y el éxito, y las rojas, blancas y azules para la protección, arreglar relaciones románticas y problemas legales.

7 Nudos

Las velas de 7 nudos se queman en el transcurso de una semana. A menudo se denominan velas de los deseos porque son ideales para concentrar tu energía en un deseo concreto. Cada día, quemarás un nudo hasta que la vela se consuma.

Adán y Eva

Son velas con forma humana que suelen usarse en hechizos dirigidos a una persona específica. Las velas Adán y Eva están compuestas por una figura masculina y otra femenina juntas y se suelen utilizar en hechizos de amor y lujuria. También existen las variantes Adán y Steve y Alicia y Eva. Si quieres centrarte en una persona concreta en lugar de en una relación, puedes utilizar estatuas individuales con forma humana.

Separación

Las velas de Separación representan a dos personas que se dan la espalda. Se utilizan para ayudar a descruzar a las personas y romper con las malas influencias.

Gato negro

Los gatos negros se asocian con la suerte, tanto buena como mala. Las velas Gato Negro se utilizan para atraer la buena suerte y alejar la mala.

Satanás

Estas velas tienen la forma tradicional de Satanás y también se denominan velas "Que se vaya el diablo". Se utilizan para desterrar los malos espíritus y las energías dañinas.

Calavera

Las velas Calavera se emplean en hechizos relacionados con la muerte. Se pueden utilizar para alejar enfermedades, muertes o desastres inminentes. También se usan en algunos hechizos de lujuria.

Haz tus propias velas

Hacer velas puede ser una gran opción para un practicante de Hoodoo dedicado. En primer lugar, puede ser más viable financieramente hacer tus propias velas en lugar de comprar las ya hechas. También puedes hacer velas específicas para tus necesidades. Si tienes un hechizo en particular en mente, puedes concentrarte en esa intención mientras haces tu vela e imbuirla en el proceso para potenciar tu hechizo. Aquí tienes algunas instrucciones básicas para algunas velas comunes y útiles.

Velas de aceite

Las velas de aceite son ideales para mantener una fuente constante de luz en tu altar. Son fáciles de hacer, tienen poco desperdicio, y arderán por un tiempo.

Necesitarás: Una vieja botella de vidrio, una mecha para vela de aceite, un tapón de botella, un aceite de lámpara natural como el de oliva, palmiste, canola, pescado o ricino, y un embudo.

Paso uno: Retira las etiquetas de tu botella de vidrio y límpiala a fondo.

Paso dos: Llena la botella con aceite.

Paso tres: Coloca la mecha en la botella de forma que la parte inferior de la mecha toque el aceite y la parte superior sobresalga. Deja que la mecha se empape durante 5-10 minutos.

Paso cuatro: Introduce la parte superior de la mecha a través del tapón de la botella y séllala.

Paso cinco: Enciende la mecha. La vela debe arder durante 12 horas por cada dos gramos de aceite. Sustituye la mecha 2-3 veces al año.

Vela de cera de abeja

Las velas de cera de abeja son perfectas para todo tipo de usos. Se pueden hacer de cualquier tamaño y la cera natural es perfecta para hechizos. También puedes buscar cera de abeja teñida para fines específicos. Sólo ten cuidado de que esté teñida de forma natural. Las velas de cera de abeja arden unas cinco horas por onza.

Necesitarás: Una hoja de cera de abeja, una mecha de vela natural, una regla, tijeras y un cuchillo.

Paso uno: Corta un cuadrado de 20 cm de lado de la lámina de cera.

Paso dos: Haz con cuidado un pequeño pliegue, de aproximadamente ½ cm, en el cuadrado de cera. Ten cuidado de no romper la cera.

Paso tres: Coloca un trozo de mecha de 22 cm en el pliegue deja un poco de mecha colgando de un extremo

Paso cuatro: Dobla la cera sobre la mecha y haz rodar la vela lentamente hacia delante y hacia atrás para formar un tubo uniforme. Presiona suavemente y tómate tu tiempo para que la cera no se rompa.

Paso cinco: Cierra los extremos de la vela amasando los extremos con los pulgares

Vela Multimecha Bicolor

Estas velas grandes son estupendas para crear mucha luz y te permiten hacer tus propias velas de doble acción. Esta receta requiere cera de parafina, pero puedes sustituirla por otra cera si lo deseas.

Necesitarás: 450 gramos de cera de parafina, 50 gramos de estearina, dos discos de cera colorante de dos colores diferentes, un compás, una regla, un transportador, tijeras, una aguja, dos cacerolas para baño maría, un bol de vidrio, un termómetro para cera, una mecha de 25 cm o 4 cm de grosor, un cuchillo, un trozo de papel, una cuchara y papel sulfurado.

Paso uno: Con el transportador, dibuja un círculo de 14 cm de diámetro en un trozo de papel.

Paso dos: recorta el círculo y usa el transportador para dividirlo en tres partes

Paso tres: Con la aguja, haz un agujero en cada línea divisoria a 3,5 cm del centro.

Paso cuatro: Pon ¾ de la cera en una olla para baño maría y caliéntala a 82 grados.

Paso cinco: Recubre la mecha con la cera derretida.

Paso seis: Calienta ¾ de la estearina en la otra olla para baño maría a 82 grados. Mezcla el primer color.

Paso siete: Vierte la estearina en la cera y revuelve.

Paso ocho: Forra el bol de vidrio con papel sulfurado y vierte la mezcla. Deja que se enfríe.

Paso nueve: Calienta el resto de la cera y la estearina en ollas para baño maría separadas a 82 grados.

Paso diez: Mezcla tu segundo color en la estearina y luego viértelo en la cera y revuelve.

Paso once: Vierte la cera del segundo color sobre la del primero.

Paso doce: Coloca el círculo de papel encima de la cera. Perfora la cera en los tres agujeros que hiciste anteriormente.

Paso trece: Corta la mecha en tres trozos iguales y enhebra la mecha en cada agujero hasta el fondo del recipiente.

Hechizos con velas

Los hechizos con velas son muy personalizables para situaciones específicas. Sin embargo, si tienes dificultades para crear tus propios hechizos o si tienes una necesidad espiritual en particular, hay muchos hechizos muy conocidos que puedes usar. Las velas son una gran manera de centrarte y lidiar con los problemas de tu alma, espíritu y cuerpo. El tiempo que tarda una vela en consumirse es la oportunidad perfecta para ponerte en contacto con tu yo superior.

Curación

Este ritual es ideal para la sanación emocional y física. Te ayudará a ponerte en contacto con tu dolor y sufrimiento, liberarlo y, a continuación, absorber la energía sanadora. Puede que necesites repetir este ritual varias veces si estás tratando con una dolencia grave. Este ritual puede realizarse durante varios días para obtener mejores resultados. Para crear el mejor espacio espiritual para la sanación, rodéate de flores, manzanas y agua corriente.

Paso uno: Crea un círculo para el ritual. Este será un espacio de renacimiento y sanación similar a un vientre materno. Deja que tu espíritu te guíe sobre lo que debes usar para hacer tu círculo. Puedes usar piedras, velas, pétalos de flores o un polvo espiritual. Uses lo que uses, asegúrate de que los objetos estén consagrados y limpios. Si lo necesitas, incluye un almohadón en el centro de tu círculo para que puedas estar cómodo. Di en voz alta que es un espacio de sanación y seguridad.

Paso dos: Enciende una vela blanca en tu altar. Siéntate en tu círculo y concéntrate en lo que necesitas sanar. Este es un momento de liberación. Puedes escribir, hacer arte, llorar, hacer yoga, o simplemente concentrarte en tu respiración.

Paso tres: Con la energía negativa liberada, es momento de absorber la positividad. Concéntrate en la luz de la vela. Mientras respiras, imagina que la luz entra en tu cuerpo y se extiende a través de él con energía positiva.

Paso cuatro: Puedes terminar este ritual cuando te sientas satisfecho o cuando la vela se consuma. También puedes repetir el ritual a diario hasta que la vela se consuma por completo. Cuando levantes los objetos que formaron tu círculo, imagina la energía positiva brotando.

Abundancia

Este ritual se realiza mejor durante la luna nueva y se repite hasta la luna llena. Puedes empezarlo un miércoles para atraer la buena suerte y el dinero o un domingo para que te ayude con el cambio y la esperanza. En cualquier caso, es un ritual que te ayudará a conseguir todo lo que te mereces en la vida.

Paso uno: Rodéate de cosas que evoquen opulencia y te hagan sentir rico. Vístete con tus mejores prendas y rodéate de objetos preciados o fotos de cosas que valoras, como tus amigos, tu familia, tu hogar, etc. Lo que quieres es manifestar tu gratitud por las cosas que tienes.

Paso dos: Enciende una vela en tu altar. Imagina las cosas que quieres en tu vida. Intenta evocar las imágenes y sensaciones más vívidas. Expresa tus deseos en voz alta e imagínatelos alimentando la llama de la vela. Todos tus deseos dan vida al hechizo. Al final, sentirás que has expresado tus deseos por completo y sentirás paz y satisfacción.

Paso tres: Concéntrate en las cosas por las que estás agradecido. De nuevo, puedes intentar escribir o crear arte si es así como te expresas naturalmente. Hazlo hasta que te sientas satisfecho o hasta que la vela se consuma.

Claridad

Este hechizo te ayudara a aclarar y abrir tu mente. Esto es genial si tienes dificultades para tomar decisiones o dudas sobre tu fe. La cáscara de limón, el incienso de hierba de limón, la pluma y el cardamomo son grandes adiciones a este hechizo y al espacio de tu altar.

Paso uno: Coloca un bol con agua en tu altar delante de tu vela. Mientras la enciendes, pídele [en voz alta] que te ayude a encontrar la claridad.

Paso dos: Mira el bol con agua y medita mientras relajas el cuerpo. Cada vez que te venga algún pensamiento a la cabeza, escríbelo en un diario y siente cómo se aleja de ti y se hunde en el papel. Si aún te cuesta deshacerte del pensamiento, utiliza un abanico para alejarlo de ti. Cuando hayas soltado el pensamiento, vuelve a concentrarte en el agua.

Paso tres: Una vez que te sientas satisfecho, arranca del diario cada uno de los pensamientos que has anotado. Empieza por el pensamiento menos importante. Toma las tiras individuales de papel y quémalas, imaginando que esos pensamientos perdidos se queman con el papel. Cuando llegues a los últimos trozos de papel, pregúntate hasta qué punto son importantes esos pensamientos. ¿Deberías aferrarte a ellos o quemarlos?

Paso cuatro: Deja que la vela arda e imagina que su luz llena el espacio, tu mente y tu cuerpo de paz y claridad.

Manifestación

Este es un hechizo para lograr un deseo específico. Es posible que quieras incluir ofrendas a tus antepasados y deidades, ya que es importante llegar a los espíritus con respeto y veneración cuando estás pidiendo algo. También necesitas empezar este hechizo con intenciones claras. Si tu objetivo es el amor, debes saber qué tipo de amor quieres, el amor de quién quieres, por qué quieres amor, etc. Cuanto más específico sea el deseo, más probable es que se haga realidad.

Paso uno: Escribe tus objetivos en tres o siete palabras. Cuanto más específicos y concisos, mejor.

Paso dos: Usa las metas que escribiste para pedirle a tu vela lo que quieres. Aquí tienes un ejemplo de la oración que puedes decir:

"Criatura de cera y mecha por favor ayúdame..."

"Criatura de tierra y hierba por favor ayúdame..."

"Criatura de piedra y hueso por favor ayúdame..."

"Criatura de fuego y llama por favor ayúdame..."

Mientras dices la frase final, enciende la vela y concéntrate en la llama. Es algo vivo, que respira y que te ayudará en tus objetivos.

Paso tres: Escribe los pasos para alcanzar tu objetivo. De nuevo, cuanto más específico, mejor. Visualízate siguiendo cada paso del proceso. Concéntrate en tantos detalles como sea posible. ¿Cómo se vería, se sentiría, sabría, olería o sonaría? Tómate tu tiempo para meditar sobre ello mientras la vela arde. También puedes utilizar este tiempo para iniciar el proceso para alcanzar tu objetivo.

Paso cuatro: Escribe afirmaciones sobre haber alcanzado tu objetivo. Por ejemplo: "Tengo el amor que deseo" o "Tengo el trabajo de mis sueños". Termina el ritual cuando te sientas satisfecho o cuando la vela se consuma. También puedes repetir este ritual hasta alcanzar tu objetivo.

Amor

Este hechizo te ayudará a atraer cualquier tipo de amor. Asegúrate de empezar con una clara intención sobre el tipo de amor que quieres, ya sea amor propio, amor romántico, atención sexual o amistad. Puedes rodearte de rosas, lavanda, manzanas, y canela para intensificar el hechizo.

Paso uno: Escribe tus metas en tres o siete palabras. Cuanto más específicas y concisas, mejor. Di estas palabras en voz alta a tu vela y pídele que te ayude. Aquí tienes un ejemplo de oración que puedes decir a tu vela:

"Criatura de cera y mecha por favor ayúdame..."

"Criatura de tierra y hierba por favor ayúdame..."

"Criatura de piedra y hueso por favor ayúdame..."

"Criatura de fuego y luz por favor ayúdame..."

Enciende la vela mientras dices estas últimas palabras.

Paso dos: Piensa en todas las cosas que te hacen merecedor de amor. Piensa en tu inteligencia, humor, bondad, belleza, etc. La luz de la llama ilumina todo lo bueno que tienes. Permítete meditar sobre estos rasgos hasta que te sientas satisfecho o hasta que la vela se consuma.

Bendiciones

Usa este hechizo para bendecir un espacio, como una nueva casa, oficina o negocio. Esto ayudará a iluminar el futuro y atraer energía positiva. Un hechizo de bendición es también una promesa a los espíritus que utilizarás el espacio para el bien. Por esa razón, debes ser intencionado sobre qué espacios encantar para que puedas cumplir esas promesas. Puede que quieras incluir ofrendas en tu altar a cambio de la bendición.

Paso uno: Mientras enciendes la vela, acude a los espíritus y pídeles su bendición. Sé específico sobre a quién te diriges y qué quieres. Por ejemplo: "Con amor y poder, pido a mis deidades que bendigan este hogar". Siéntete libre de hablar abierta y libremente sobre tus deseos. Deja que la vela se consuma.

Arraigo

Puede ser difícil equilibrar el mundo espiritual y el físico. A veces, podemos perdernos tanto en nuestra espiritualidad y nuestra cabeza que perdemos de vista el mundo que nos rodea. Ansiedad, una vida caótica, o simple confusión sobre nuestras vidas pueden dejarnos en un torbellino. Este hechizo se utiliza para ayudarte a permanecer en el momento presente y alcanzar la paz espiritual y física. Es útil rodearse de la naturaleza al realizar este hechizo.

Paso uno: Enciende la vela y pídele que te ayude a poner los pies en la tierra y a centrarte. Mientras arde, conecta con el espíritu vivo de la llama de la vela y deja que centre tu mente. Presta atención a cómo se siente tu cuerpo, al suelo bajo tus pies y a cada sensación que percibas. Imagina que unas raíces se extienden desde lo más profundo de la Tierra y agarran la planta de tus pies, manteniéndote firme. Siéntete conectado a la Tierra mientras tu energía fluye dentro y fuera del suelo.

Paso dos: Cuando te sientas satisfecho, deja que la vela siga ardiendo mientras absorbes la magia en tu piel.

Conclusión

Las velas son la herramienta perfecta para crear una mentalidad propicia para la magia y el poder espiritual. Crean una conexión entre tú y los espíritus con los que trabajas, y pueden ayudarte a entrenar tu mente para alcanzar mejor la claridad y la paz. Ya sea que elijas hacerlas o comprarlas, las velas son una parte importante del arsenal de cualquier practicante de Hoodoo.

CAPÍTULO 7

Polvos, amuletos y objetos mágicos

Hemos repasado los componentes básicos del Hoodoo, y ahora es el momento de discutir las muchas maneras en que se pueden combinar y utilizar. Todos estos elementos poseen un gran poder por sí solos. Sin embargo, cuando se juntan cuidadosamente, sus poderes pueden ser intensificados y utilizados para fines más específicos.

Recetas de polvos

A menudo se utilizan polvos Hoodoo en lugar de aceites para conseguir los mismos resultados sin el enchastre. Estos polvos pueden utilizarse como hechizos, para consagrar objetos espirituales o para alimentar herramientas espirituales. Combinan los elementos de varias hierbas espirituales para lograr un objetivo específico. Muchos de estos polvos se pueden comprar en tiendas de Hoodoo. Sin embargo, cuando los haces tú mismo, puedes imbuirlos con tus intenciones únicas. Incluso es posible que quieras llevar contigo una pequeña bolsa de ciertos polvos Hoodoo por si una situación sorpresa lo requiere.

Polvo de la Suerte Financiera

Usa este polvo para aumentar tu suerte en ámbitos financieros. Espolvorea un poco en la caja registradora o en la puerta de tu comercio para atraer negocios. También puedes echar un poco en tu billetera para atraer dinero mientras te mueves por la vida.

Necesitarás: 4 cucharaditas de jengibre molido, 2 cucharadas de canela molida, 1 cucharadita de pimienta de Jamaica molida, 1 cucharadita de nuez moscada molida, 1 cucharadita de macis molido, 1 cucharadita de clavo molido y un recipiente hermético.

Paso uno: Mezcla todos los ingredientes en un bol y viértelos en un recipiente hermético.

Paso dos: Guárdalo en algún lugar fresco y seco.

Polvo de Sal Negra

E El polvo de sal negra se utiliza para protección. Puedes espolvorearlo alrededor de un objeto que temes que te roben o rompan. También puedes esparcirlo alrededor de tu hogar para formar una barrera de protección. Estas barreras de protección son más poderosas cuando se hacen en círculos.

Necesitarás: Pimienta negra, ceniza de madera, carbón vegetal y sal.

Paso uno: En sentido horario, muele la pimienta negra y el carbón hasta obtener un polvo fino.

Paso dos: Mezcla los ingredientes en un bol. Revuelve en sentido horario mientras rezas el Salmo 91 u otra oración de protección sobre el bol.

Paso tres: Guarda la mezcla en un recipiente hermético en un lugar fresco y seco.

Polvo de Pie Caliente

El polvo de Pie Caliente es un clásico del Hoodoo que se utiliza para deshacerse de las personas desfavorables. Espolvorea polvo de pie caliente en el camino de cualquier persona que quieras fuera de tu vida. Una vez que pasen sobre él, serán desterrados de tu vida. Si el hechizo no funciona contra el objetivo específico, recoge un poco de tierra de un lugar que hayan pisado y añádela a la mezcla. Esto también se puede usar contra los espíritus negativos. Esparce la mezcla fuera de tu casa o negocio para protegerlo de los ladrones. Haz esta mezcla delante de una vela negra encendida y consagrada para darle un toque extra.

Necesitarás: Un frasco de vidrio, 1 cucharadita de sal negra, 1 cucharadita de pimienta negra, 1 cucharadita de pimienta de cayena, 1 cucharadita de habanero molido, 1 cucharadita de polvo de sándalo rojo, 1 cucharadita de carbón activado y una pizca de azufre.

Paso uno: Añade cada ingrediente en un bol mientras visualizas a las personas o fuerzas que quieres desterrar de tu vida.

Paso dos: Revuelve la mezcla en sentido horario mientras continúas visualizando las fuerzas negativas que están siendo desterradas.

Paso tres: Guarda el polvo en un frasco de vidrio.

Polvo de Goofer

También conocido como polvo Kufwa o polvo asesino. Aunque no es una poción de muerte instantánea, es una herramienta poderosa para maldecir a alguien. Espolvoréalo en el camino de una persona a la que quieras maldecir, o sobre un objeto que vaya a tocar. También puedes esparcirlo en las encrucijadas que se encuentran entre su casa y un cementerio, llevándoles a su tumba. Debes tener cuidado con este polvo y con cualquier otra maldición o maleficio. Sin intenciones claras y específicas, y sin protección espiritual, corres el riesgo de causarte daño espiritual.

Necesitarás: 6 cucharadas de semillas de mostaza negra, 6 cucharadas de pimienta negra, 6 cucharadas de asafétida, sal, tierra de la tumba de alguien que tuvo una muerte espantosa, caracoles/ babosas vivos y un frasco grande.

(Hay muchos ingredientes opcionales que puedes añadir para reforzar tu hechizo, como hormigas rojas, harina de huesos, restos de serpiente, polvo de añil, azufre, valeriana, gordolobo y pólvora).

Paso uno: Echa sal sobre las babosas/caracoles. Tritúralos hasta obtener una pasta y déjalos secar.

Paso dos: Añade al tarro el polvo de babosas junto con los demás ingredientes y mézclalos.

Polvo de Confusión

Este hechizo causará confusión y malestar en cualquiera que se cruce en su camino. Esto es particularmente útil si estás apuntando a otro practicante de Hoodoo o magia para evitar que te maldiga.

Necesitarás: 1 cucharada de pimienta negra, 1 cucharada de granos de mostaza negra y 1 cucharada de sal negra.

Paso 1: En sentido horario, muele las semillas de mostaza y los granos de pimienta hasta obtener un polvo fino.

Paso dos: Mezcla todos los ingredientes y guárdalos en un tarro hermético.

Polvo Protector

Este es un polvo protector feroz que infligirá el castigo adecuado a cualquiera que te intente cruzar o dañar.

Necesitarás: Sal, un trozo de ladrillo rojo y restos de una sartén de hierro fundido.

Paso uno: En sentido horario, tritura el ladrillo rojo hasta convertirlo en polvo.

Paso dos: Mezcla todos los ingredientes y guárdalos en un tarro hermético.

Polvo de Guerra

E Este polvo se utiliza para potenciar tus ataques espirituales y protegerte en el combate espiritual. Es útil si tienes enemigos que también son practicantes. Úsalo en cualquiera de tus maldiciones, en tus objetos mágicos o espolvoréalo por tu casa.

Necesitarás: Objetos metálicos oxidados, pimienta roja, azufre y papel de lija.

Paso uno: Lija el óxido de los objetos metálicos y júntalo.

Paso dos: Mezcla partes iguales de todos los ingredientes y guárdalos en un frasco hermético.

Polvo Muro Ardiente de Protección

E Este polvo creará una barrera que dañará a cualquiera que intente atravesarla. Es una poderosa fuerza protectora que puede ayudar a protegerte contra enemigos humanos y espirituales. Puedes hacer este polvo combinando Polvo de Guerra y Polvo Protector, o puedes hacerlo desde cero.

Necesitarás: Pólvora y un trozo de ladrillo rojo.

Paso uno: Muele el ladrillo rojo en sentido horario hasta convertirlo en polvo fino.

Paso dos: Mezcla los ingredientes y guárdalos en un frasco hermético.

Fuera Maleficio

Este polvo te ayudará a romper cualquier maldición o condición cruzada. Puedes usarlo para ti, tu casa o tu negocio. También ayudará a atraer positividad y paz.

Necesitarás: Sal, bardana y un nido de avispa de barro.

Paso uno: Tritura la planta de bardana -hojas, tallo, raíces y todo- hasta obtener una pulpa.

Paso dos: Cubre la mezcla con sal y tritúrala. Repite el procedimiento durante unos días y añade más sal si aún está húmeda. Tamizar hasta eliminar los trozos más grandes y obtener un polvo fino.

Paso tres: Coloca el nido de barro en el polvo y tritúrelo hasta obtener un polvo fino y uniforme. Guárdalo en un tarro hermético.

Polvo Amor Verdadero

Este polvo te ayudará a atraer el amor romántico y sexual.

Puedes espolvorearlo en el exterior de tu casa o alrededor de tu cama para crear el ambiente adecuado. También puedes llevarlo contigo mientras te mueves por la vida.

Necesitarás: Verbena, bayas de muérdago, raíz de helenio, talco en polvo y azúcar en polvo.

Paso uno: Tritura la verbena, las bayas de muérdago y la raíz de helenio hasta obtener un polvo fino.

Paso dos: Haz una mezcla de talco y azúcar en polvo con una proporción de 4:1 (favoreciendo el talco).

Paso tres: Añadir la mezcla de hierbas al talco y al azúcar en polvo. Guardar en un frasco hermético.

Muñecos Hoodoo

La imagen de un muñeco espeluznante lleno de agujas es una versión inexacta y sensacionalista de una práctica muy real. Los muñecos Hoodoo son una forma de conectar un objeto físico con una persona o espíritu específico para influir e interactuar mejor con él. Esto no siempre tiene que ser para causar daño. La mayoría de las veces, los muñecos Hoodoo son creados para ayudar a un practicante a comunicarse mejor con sus deidades o para la sanación y el bienestar [para ellos mismos o sus seres queridos].

Los muñecos Hoodoo se utilizan de tres maneras principales.

Muñecos espirituales

Los muñecos espirituales albergan una entidad no física. Puede ser un espíritu santo, una deidad o un antepasado. El muñeco proporciona un cuerpo físico con el que el practicante puede interactuar. Estos muñecos suelen vivir en el altar y se crean para ayudar en una tarea específica o en un problema de la vida. Son el foco de la oración, la devoción y la alabanza, del mismo modo que podría serlo una estatua de Jesús. Es importante tratar a estos muñecos con veneración y darles ofrendas con regularidad.

Muñecos ayudantes

Los muñecos ayudantes son representaciones físicas de una determinada energía o idea. Por ejemplo, un muñeco ayudante puede encarnar la suerte, el amor romántico, la sanación, etc. La mayoría de las veces esto se expresa a través del color del muñeco, así como de las hierbas y amuletos que contiene. Puedes colocar estos muñecos en un altar dedicado a ese objetivo. Son ideales para cuando quieres entregarte a un problema específico de gran magnitud.

Muñecos Bebés

Los muñecos bebés son los que más se parecen a la representación mediática de los muñecos Hoodoo. Están hechos para representar un cierto propósito y afectarlos en el plano físico. Para que estos muñecos funcionen, tienen que parecerse a la persona tanto como sea posible. Esto puede hacerse mediante el color del pelo, el color de los ojos, rasgos únicos, utilizando piezas de la ropa de la persona o rellenándolo con taglocks. Cuanto más se parezca a la persona, más fuerte será el muñeco. La forma de tratar a estos muñecos afectará a la persona, pero no de forma individual. Por ejemplo, clavar un alfiler en el corazón del muñeco no hará que la persona muera inmediatamente. Sin embargo, con una intención fuerte y una energía poderosa, podrías causar a la persona punzadas de dolor en el corazón.

Efigies

Las efigies son similares a los muñecos bebés, pero en lugar de centrarse en otra persona, se centran en ti mismo. Estos muñecos te ayudarán a explotar tu poder personal y a tratar tus propios problemas de forma concentrada. Puede resultar difícil comprometerse con el autocuidado, por lo que las efigies pueden ser increíblemente útiles, ya que exteriorizan tus problemas y te ayudan a superar la injusta sensación de "egoísmo" o "egocentrismo" que puede conllevar el autocuidado. Debes incluir tantos detalles personales como sea posible, incluyendo rellenarlo con taglocks. También querrás tratarlo de forma que refleje el objetivo del muñeco. Por ejemplo, a una efigie hecha para ayudarte a atraer el amor hay que cargarla, acariciarla y hablarle de todos sus encantadores rasgos.

Cómo hacer tu muñeco

Hay varias maneras de hacer un muñeco Hoodoo. En primer

lugar, puedes comprar un muñeco en una tienda y personalizarlo. Esto es ideal para las personas que no son muy mañosas o si te sientes atraído por un muñeco específico. También puedes buscar un fabricante de muñecos personalizados o un practicante de Hoodoo si quieres algo específico. El inconveniente es que tus intenciones no estarán tan imbuidas en el muñeco y la personalización puede ser limitada. Si compras un muñeco, es importante lavarlo y bendecirlo antes de realizar cualquier ritual.

La siguiente opción es una imagen de cera. Suelen hacerse con figuras humanas prefabricadas en las que se graba el nombre de la persona. Sin embargo, también puedes hacer y moldear una si tienes la habilidad. También es útil cargar la vela con taglocks y hierbas relacionadas con tus objetivos. Las imágenes de cera se utilizan para los rituales con velas y tus objetivos se alcanzarán a medida que la vela se consuma. Sin embargo, esto significa que los muñecos sólo se pueden usar una vez.

La última opción se llama monigote. Son muñecos hechos a mano con tela. No hace falta ser costurero para hacer un monigote. Sólo tienes que recortar dos formas humanas de una tela natural y coserlas por los bordes, dejando un agujero lo suficientemente grande como para darle la vuelta. Una vez le hayas dado la vuelta, rellena el muñeco con taglocks, hierbas, algodón y cualquier cosa importante para tu ritual. Estos muñecos son mucho más personalizables, ya que puedes añadirles pelo, ropa, ojos, etc. Sin embargo, esto requiere un poco más de esfuerzo y herramientas que las otras opciones.

Bautiza tu muñeco

Hacer el muñeco no es suficiente para conectarlo con el espíritu o la persona. Para ello, hay que bautizarlo. Rocía el muñeco con agua bendita mientras rezas una oración sobre él, dándole un nombre. Por ejemplo: "En el nombre del Padre, del Hijo y del Espíritu Santo, yo te bautizo como... Todo lo que le hago a este muñeco, se lo hago a...".

Cómo usar tu muñeco

Si estás usando un muñeco bebé o una efigie, concentra todos tus hechizos relacionados en los muñecos. Di el nombre del muñeco en voz alta repetidamente mientras trabajas con él. Es importante que tengas un objetivo específico para tu efigie cuando la hagas, ya que la falta de intención puede ponerte en peligro. Una efigie no puede utilizarse para afectar a todos los aspectos de la vida de una persona.

Cuando no estés trabajando con tu efigie, envuélvela en tela blanca y guárdala en un lugar seguro y privado. No dejes que tu efigie pase demasiado tiempo sin atención, aunque el muñeco esté destinado a maldecir. Interactúa físicamente con él con regularidad.

Cuando el muñeco haya alcanzado el objetivo deseado, es hora de ponerlo a descansar. Para liberar al espíritu, reza una oración sobre el muñeco, rompiendo los lazos espirituales y permitiéndole seguir adelante. Por ejemplo: "Que mis palabras que te ataban ahora te liberen para que puedas volver al lugar de donde viniste. En el nombre del Padre, del Hijo y del Espíritu Santo".

Bolsas Mojo

Las bolsas mojo son una antigua práctica espiritual traída de África Occidental. Se cree que muchos esclavos de África Occidental sobrevivieron a la travesía del paso intermedio gracias a la protección que ofrecían estos poderosos talismanes. Las bolsas mojo son pequeñas bolsas de lana, cuero o gamuza que se llevan pegadas a la piel. Se fabrican para que el practicante consiga un fin específico. Aunque el más común es la protección, se pueden hacer para cualquier cosa, siempre que sea clara y específica.

Cuando hagas tu bolsa mojo, incluye un número impar de objetos. También puedes comprar bolsas mojo a los practicantes de Hoodoo, cuyo precio depende de su poder debido al número de objetos que contengan. Lo que pongas dentro de tu bolsa mojo depende de ti y de tu intuición espiritual, pero suelen incluir hierbas, piedras, taglocks, amuletos y polvos.

Cómo hacer tu bolsa Mojo

Seleccione una fibra natural para la base de su bolsa. También puedes utilizar bolsas prefabricadas. El color es una forma estupenda de expresar el objetivo de tu bolsa. Llena tu bolsa con los artículos necesarios antes de cerrarla. También puedes incluir un cordón que puedas atarte a la cintura para llevarla fácilmente. Una vez que tu bolsa mojo esté totalmente construida, deberás bautizarla de forma similar a un muñeco Hoodoo. Como las bolsas mojo no están relacionadas con una persona o espíritu específico, puedes ponerle el nombre que quieras. Este nombre puede ser representativo de alguien que sientas que encarna tus objetivos, algo que sea significativo para ti o algo relacionado con tu práctica religiosa. Tu bolsa mojo es un amigo y un aliado, así que deberías elegir un nombre con el que te sientas cómodo.

Aquí tienes algunos ejemplos de lo que puedes incluir en tu bolsa mojo en función de tus objetivos. La personalización es clave en el Hoodoo ya que tus ancestros y tu propia intuición espiritual te guiarán hacia lo que es mejor para ti:

Atracción

Necesitarás: Una bolsa rosada o roja, tierra de una capilla nupcial, tu taglock, un taglock de tu ser amado, frijol tonka, violeta, raíz de levístico, azafrán español, hierba gatera, pasiflora, lavanda, nardo, semilla de cilantro, raíz de genciana, raíz de regaliz, rosas, hoja de damiana, un sello de Venus, azúcar, dos calamitas, Aceite Ámame o whisky e Incienso de los Reyes Magos.

Paso uno: Llena la bolsa con las hierbas, el azúcar, las calamitas, la tierra, los taglocks y el sello de Venus.

Paso dos: Ata la bolsa y echa sobre ella el humo del incienso de los Reyes Magos.

Paso tres: Alimenta la bolsa con el aceite o el whisky mientras rezas el Salmo 65.

Dinero

Necesitarás: Una bolsa roja o verde, argentina, clavo, canela, un castaño de indias, dos calamitas, una moneda, Aceite para atraer el dinero e Incienso para atraer el dinero.

Paso uno: Llena la bolsa con las hierbas, las piedras y la moneda.

Paso dos: Ata la bolsa y ahúmala con Incienso para Atraer el Dinero.

Paso tres: Alimenta la bolsa con el aceite mientras rezas el Salmo 65.

Salud

Necesitarás: Una bolsa roja o verde, cayena, eucalipto, romero, pétalos de rosa, tu taglock, Aceite Salud e Incienso Salud.

Paso uno: Llena la bolsa con las hierbas y tu taglock.

Paso dos: Ata la bolsa y ahúmala con incienso.

Paso tres: Alimenta la bolsa con aceite mientras rezas el Salmo 30.

Éxito empresarial

Necesitarás: Una bolsa verde, frijoles de San José, raíz de onoquiles, musgo irlandés, canela, tierra de un banco local o de un negocio exitoso, una calamita, dinero, tu tarjeta de presentación, pirita, incienso de los Reyes Magos y aceite "Mejor Negocio".

Paso uno: Coloca las hierbas, la tierra, las piedras, el dinero y la tarjeta de presentación en la bolsa.

Paso dos: Ata la bolsa y ahúmala con Incienso de los Reyes Magos.

Paso tres: Alimenta la bolsa con aceite mientras rezas el Salmo 114.

Cuidando tu bolsa Mojo

Debes llevar tu bolsa mojo debajo de la ropa, por debajo de la cintura y contra la piel durante al menos la primera semana después de hacerla, aunque está bien llevarla más tiempo. Cuando no la lleves puesta, guárdala en un lugar seguro y privado, preferiblemente cerca de ti mientras duermes. Nadie más debe mirar tu bolsa mojo. Esto puede dañar su poder espiritual e incluso provocar su muerte, lo que nos lleva al siguiente punto.

Las bolsas mojo necesitan ser alimentadas para vivir y permanecer activas. Si otra persona toca tu bolsa mojo, puede provocar su muerte. Puedes alimentar tu bolsa con polvo, aceite, alcohol o whisky. Si sientes que tu bolsa mojo ha muerto o está sufriendo, puedes rociarla con el agua de la Rosa de Jericó y rezar sobre ella mientras la sostienes cerca. Esto no siempre funciona, y las bolsas mojo también pueden morir de forma natural al cabo de un año aproximadamente. Si esto ocurre, puedes utilizar los objetos de su interior para hacer una nueva bolsa mojo. Entierra los restos o toda la bolsa mojo con respeto.

Frascos endulzantes

Los frascos endulzantes son uno de los hechizos Hoodoo más populares y accesibles. Los frascos endulzantes se usan para endulzar cualquier parte de tu vida. Puede ser una persona, tu amor propio, una relación, un trabajo, etc. Cualquier cosa que quieras que sea mejor, más fácil, o más alegre, puedes dirigirte a ella con un frasco endulzante.

Para hacer un frasco endulzante, necesitas un frasco de vidrio con tapa hermética. Vas a quemar una vela encima del tarro, así que asegúrate de que cierre bien. A continuación, necesitarás el endulzante. La mayoría de la gente utiliza miel, pero puedes utilizar cualquier endulzante natural, como azúcar o melaza. Lo mejor es que sea algo que te guste. También añadirás hierbas o amuletos relacionados con tus objetivos. Siempre es bueno incluir un taglock para ti o para la persona a la que intentas dirigirte. También necesitarás una vela del color adecuado y papeles de petición.

Cómo usar tu frasco endulzante

L Lleva tu tarro a tu altar. Empieza escribiendo tu nombre y/o el nombre del sujeto de tu hechizo en el papel un número impar de veces. Si estás escribiendo dos nombres, escríbelos uno encima del otro con el segundo nombre escrito en ángulo. A continuación, escribe tu objetivo alrededor del borde del papel sin levantar el bolígrafo. Si levantas el bolígrafo por accidente, vuelve a empezar. Esto debería formar un borde ininterrumpido alrededor de todo el papel.

Una vez completado el papel, coloca los aceites, hierbas, amuletos y polvos sobre el papel y empieza a doblarlo hacia ti. Gira el papel y repite la operación con el papel siempre en movimiento hacia ti hasta que hayas creado un paquete. Come un poco de endulzante y di tus objetivos en voz alta.

Añade tu endulzante, el papel de petición y cualquier otro ingrediente en el frasco y cierra bien la tapa. Viste una vela y ponla encima del frasco. Enciéndela y deja que se consuma. Cada vez que reces en el frasco y prendas una vela, vigorizarás y potenciarás el hechizo. Durante la primera semana, debes hacerlo todos los días. Después, puedes repetirlo sólo tres o cuatro veces por semana. Cuando te sientas satisfecho con los resultados de tu frasco, dale un entierro adecuado y respetuoso.

Recetas de amuletos

Estos sencillos amuletos son una especie de proyecto de artesanía rápido y fácil que puedes añadir a cualquier espacio que necesite un impulso espiritual. Puedes colocarlos en tu altar, llevarlos en el bolsillo, colgarlos en tu casa o negocio, o dárselos a personas a las que quieras ayudar. También se pueden añadir a bolsas mojo y frascos endulzantes para ayudar a intensificar tu intención.

Proteger mi hogar

Necesitarás: Un martillo, un clavo, una cinta roja, tela roja y 9 semillas de mostaza blanca.

Paso uno: Coloca las semillas en la tela.

Paso dos: Ata la tela con la cinta.

Paso tres: Clava la bolsa en el interior de la puerta principal de tu casa.

Buena suerte

Necesitarás: Tela verde, una cinta verde, una moneda, raíz de Juan el Conquistador, una nuez moscada entera y una vela verde.

Paso uno: Viste y enciende la vela. Cuando se consuma y se ablande, clava la moneda en la cera.

Paso dos: Coloca la moneda encerada, la nuez moscada y la raíz de Juan el Conquistador en la tela.

Paso tres: Ata el paño con la cinta.

Paso cuatro: Lleva la bolsa en tu billetera o en tu bolsillo para cambiar tu suerte.

Castaña de Indias

Necesitarás: Raíz de Juan el Conquistador o una nuez moscada entera, una vela verde, mercurio líquido, una castaña de indias, un taladro y aceite Suerte Rápida.

Paso uno: Haz un agujero en la castaña.

Paso dos: Enciende la vela y deja que se ablande. Coloca el mercurio líquido en la castaña y séllala con la cera de la vela.

Paso tres: Unge la castaña con aceite Suerte Rápida.

Paso cuatro: Llévala en el bolsillo o añádela a una bolsa mojo de la buena suerte para aumentar tus probabilidades de ganar en los juegos de azar y apuestas.

Matrimonio

Necesitarás: Agua de rosas, pétalos de rosas rojas y un marcador.

Paso uno: Escribe el nombre de tu ser amado en los pétalos de rosa.

Paso dos: Moja los pétalos uno a uno en el agua de rosas.

Paso tres: Lanza los pétalos fuera de la casa de tu ser amado para que se unan en sagrado matrimonio.

Conclusión

A medida que te desarrolles como practicante de Hoodoo, te encontrarás coleccionando más y más objetos. Desde amuletos en tu bolsillo y cartera, una bolsa mojo alrededor de tu cintura, o un amuleto de protección encima de tu cama, todos los espacios que ocupas se llenarán poco a poco de objetos que pueden parecer simples chucherías a un extraño. Poco a poco irás descubriendo formas de no quedarte nunca sin el poder mágico que te han otorgado tus espíritus y antepasados.

Estos amuletos y rituales físicos nos facilitan la comprensión, la interacción y la manipulación del mundo espiritual, y cuanto más cómodos nos sintamos haciéndolo, más influirá en nuestras vidas. Si la gente no te reconoce como conjurador por el dulce olor del incienso en tu piel y en tu pelo, o por el aura de confianza y poder en tu forma de andar, seguro que lo sabrán cuando entren en tu casa.

Capítulo 8

Adivinación

Otra poderosa herramienta a disposición de los practicantes de Hoodoo es la habilidad de ver el pasado, el presente y el futuro. Muchas personas malinterpretan estos poderes psíquicos como la habilidad única de un individuo. Si bien es cierto que algunas personas están más en sintonía con la adivinación o son bien conocidos por sus habilidades adivinatorias, este poder proviene de los espíritus, no de los individuos.

La adivinación es el arte de hablar con los espíritus y los antepasados y transmitir su información para ofrecer orientación, paz y sabiduría. Es una práctica que requiere habilidad y experiencia. Debes tener una fuerte relación con tus espíritus, un espíritu intuitivo muy desarrollado y la claridad mental para permitir que el conocimiento se mueva a través de ti. Si quieres empezar a trabajar en la adivinación, empieza por rezar y adorar regularmente a los espíritus. Asegúrate de que tu casa y tu altar están bien limpios y ten cuidado con las influencias, espíritus y energías negativas. Los hechizos regulares relacionados con la claridad y la paz, utilizando hierbas y aceites relacionados con la adivinación -como la lavanda y la artemisa- también pueden ser útiles.

Lectura de huesos

Una forma de adivinación que es exclusiva del Hoodoo es la lectura de huesos. Esto ha sido malinterpretado y malentendido como demoníaco o aterrador simplemente debido a la incomodidad que muchas personas sienten respecto a la muerte, especialmente en Occidente. No hay nada que temer de los huesos. Contienen la poderosa energía de aquellos que han fallecido, y simplemente representan el paso de un estado del ser a otro. Los huesos también deben obtenerse de forma ética. A menos que un antepasado pidiera específicamente que sus huesos se entregaran a sus familiares, nadie utiliza huesos humanos para la adivinación.

Puedes comprar sets de huesos para adivinación en algunas tiendas de Hoodoo o magia popular. Estos son excelentes sets para principiantes y geniales para asegurarte de que tienes un set completo y limpio. Sin embargo, muchas personas prefieren recolectar sus huesos de la naturaleza con el tiempo. Si bien puede tomar un tiempo para que puedas reunir suficientes huesos para la correcta adivinación, esto te da una gran oportunidad para estar en comunión con la naturaleza, meditar sobre la muerte, y dejar que tu intuición te guíe. No obstante, esta no es la mejor opción si eres impresionable y te incomoda hurgar en cadáveres de animales.

Preparación de los huesos

Cuando encuentras o compras un hueso nuevo, y lo limpias y desinfectas en lo físico, debes hacerlo también en lo espiritual. Pon el hueso bajo agua fría, rocíalo con agua bendita y sahúmalo con incienso sagrado. Querrás guardar tus huesos en tu altar, donde está la mayor energía espiritual. Consérvalos en una bolsa o caja y trátalos con respeto.

Definición de los huesos

Cuando consigas un hueso nuevo, te corresponde a ti definir su significado para tus antepasados, de modo que sepan cómo lo usarán para comunicarse contigo. Piensa en esto como el establecimiento de un lenguaje único entre tú y tus antepasados. Lleva el hueso limpio a tus antepasados y enciende una vela para establecer la comunicación. Preséntales el hueso y diles [en voz alta] su significado.

Un set básico de huesos debería incluir varios significados específicos y únicos, suficientes para comunicar las complejidades de la vida. Aunque debes dejarte guiar por tu intuición, existen algunos términos y significados básicos que la mayoría de la gente usa para establecer el significado de sus huesos.

- Yo: Tú, el practicante y lector.

- Otro: Otra persona o la persona para la que se realiza la

lectura.

- Magia: Se está utilizando o se necesita magia.

- Mal: Fuerzas de malicia, odio o daño.

- Amor: Puede representar el amor en su conjunto o el amor romántico.

- Masculino: Masculinidad, potencia masculina o fertilidad masculina.

- Femenino: Feminidad, sexualidad femenina o fertilidad femenina.

- Salud: Salud física o mental.

- Riqueza: Dinero y cuestiones financieras.

- Familia: Vínculos familiares; de sangre, por ley, o elegidos.

- Destino: El camino predestinado en la vida de una persona y la fuerza de su destino.

- Llave: El remedio o solución a un problema.

Superficies de lectura

Si los significados de los huesos son las palabras del lenguaje entre tú y tus antepasados, tu superficie de lectura es la gramática. La superficie sobre la que leas los huesos determinará cómo relacionas sus significados.

Piel de animal

Las pieles de animales son una superficie de lectura muy popular. Si decides hacerlo, es importante que te asegures de que la piel procede de fuentes éticas. Busca pieles de animales recuperados o que hayan muerto de forma natural. También puedes recuperar, preparar y secar la piel de un animal tú mismo si tienes la oportunidad.

Cada parte del cuerpo del animal tiene un significado diferente que interpretarás junto con el significado del hueso.

- Cabeza: pensamientos, estado de ánimo, ideas y preguntas de la persona a la que se le realiza la lectura.

- Cuello: Los factores externos que afectan la situación.

- Pecho: El corazón de la persona, incluidos sus deseos, emociones y pasiones.

- Pata delantera/pie izquierdo: Fuerzas de la oposición que trabajan contra el sujeto de la lectura.

- Pata trasera/pie izquierdo: Factores y fuerzas del pasado.

- Pata delantera/pie derecho: El camino correcto para resolver la situación, incluidos aliados y ayudantes.

- Pata trasera/pie derecho: El futuro de una situación.

- Entrepierna: Sexo y sexualidad.

- Cola: Lecciones aprendidas de una situación.

Mapa de cuadrantes

Uno de los métodos más sencillos de lectura ósea es el mapa de cuadrantes. Todo lo que requiere es una superficie con una cruz. La izquierda del mapa es el pasado, mientras que la derecha es el futuro. En la parte superior del mapa está la mente consciente, mientras que en la parte inferior está la mente subconsciente. Sin embargo, puedes elegir asignar tu propio significado a los cuadrantes.

Comenzando el ritual

Hay muchas maneras de leer los huesos. Siempre que tengas un propósito y seas coherente, la elección es tuya. Independientemente de la superficie que elijas, puedes leer los huesos de izquierda a derecha, con las cosas más a la izquierda representando el pasado y las cosas más a la derecha representando el futuro. También puedes elegir leerlos de una forma no lineal que no incluya el paso del tiempo.

Una vez decididas estas cosas, enciende una vela en tu altar y haz una pregunta a tus antepasados. Puedes sentarte con los huesos durante un rato hasta que sientas que es el momento de comenzar la lectura. Puedes esparcir todos los huesos sobre tu tapete de adivinación. Esto es adecuado para preguntas más amplias o abiertas. También puedes leer los huesos sacando un hueso al azar cada día para adivinar la suerte del día. Puedes elegir un solo hueso o tirar un puñado de huesos sobre el tapete. Esto es bueno para los principiantes, ya que con el tiempo ayuda a entrar en sintonía con los antepasados y los huesos.

El ritual de cada adivino será diferente. Lo importante es que lo hagas con la mente clara, una comunicación abierta con tus antepasados y respeto.

Leyendo los huesos

Cuando esparzas tus huesos, puedes elegir prestar atención a dónde caen los huesos en la superficie y dónde caen unos respecto a otros. Aunque estos métodos no son utilizados por todos los adivinos, pueden ser útiles para que los más experimentados obtengan lecturas más precisas.

Fricción ósea

La fricción ósea refiere a las figuras que forman los huesos. Esto puede darte más información sobre cómo interactúan los significados específicos de los huesos.

- Triángulo vertical: Algo está creciendo y manifestándose.

- Triángulo invertido: Algo se está marchitando o disminuyendo.

- Forma de T: La energía de uno de los huesos está bloqueando el otro.

- Líneas paralelas: Estas cosas están en equilibrio.

- Forma de X: Un fuerte deseo. La energía de estas dos cosas puede estar trabajando conjuntamente o en oposición.

- Línea vertical: Masculinidad y dominio. Esto puede representar una respuesta afirmativa.

- Línea horizontal: Feminidad y sumisión. Esto puede representar una respuesta negativa.

- Línea diagonal: Una separación entre las cosas a cada lado de la línea.

- Herradura hacia arriba: suerte.

- Herradura hacia abajo: Pérdida de suerte.

Relación entre huesos

También puedes leer huesos basándote en qué huesos se están tocando. Esto es, de nuevo, muy individual y depende de qué significados tengan los huesos en tu bolsa. Esto es sólo un marco de lo que podría parecer.

- Espíritu + Eva: Una mujer tiene una gran intuición y sabiduría espiritual.

- Mal de ojo + Adán: Un hombre está celoso.

- Fuego + Eva: Una mujer fogosa o pelirroja.

- Tierra + Eva: Una mujer está embarazada.

- Corazón + Adán: Un hombre amoroso.

- Mal de Ojo + Tierra: Enfermedad o mala salud.

- Mal de Ojo + Pirámide: La pérdida de un trabajo o la disminución de las finanzas.

- Mal de ojo + herradura: Mala suerte y dificultades.

- Aire + Eva: Una mujer cabeza hueca.

- Pirámide + Mal de ojo: Alguien se retrasa en el cumplimiento de un trato.

- Corazón + Agua: Un corazón frío.

- Espíritu + Cruz: Los espíritus están contigo y concederán tus deseos.

Adivinación con velas

La adivinación con velas es una excelente manera de comunicarte con tus antepasados para saber el resultado de un hechizo o ritual. Al mantener una vela encendida en tu altar en todo momento, puedes mantener una línea de comunicación abierta para que tus antepasados te avisen cuando las cosas se mueven en el reino espiritual. Aunque es menos específico que la lectura ósea, es mucho más accesible.

Las llamas

- Estable: Todo está funcionando como debería.

- Saltando: Los espíritus están presentes y se comunican contigo.

- Bailando de lado a lado: Hay mucha energía detrás del ritual, pero está desenfocada y es caótica. Puede que necesites aclarar tus intenciones.

- Pequeña: El hechizo carece de energía.

- Alta: Hay mucha energía, pero puede que no sea sostenible.

- Azul: Un resultado positivo.

- Verde: Prosperidad.

- Estalla, cruje, silba: Fuerzas opositoras trabajan en tu contra.

- Humo blanco: El hechizo está funcionando, pero puede haber dificultades.

- Humo negro al principio: Hay energía negativa presente,

pero el hechizo la está superando.

- Humo negro continuo: Hay una fuerte energía negativa. Si esto ocurre durante un hechizo de maldición, existe el riesgo de que la maldición vuelva a ti.

Lectura de cera

La forma en que la cera gotea en la vela también es un método de adivinación útil cuando se utilizan velas autoportantes.

- Goteo en forma de lágrima: Alguien llorará durante este hechizo. Si la lágrima sigue ahí después de que la vela se consuma, la pena durará. Si se derrite, el dolor será temporal.

- Goteo parcialmente hacia abajo: Si el goteo no llega al fondo y no se consume antes de que la vela se apague, hay algo del pasado que se interpone en la eficacia del hechizo.

- Goteo unilateral: Las circunstancias están desequilibradas e incompletas.

Lectura extinguida

Una vez que la vela se ha consumido, puedes leer lo que queda para predecir los resultados. Presta atención a imágenes o patrones en la cera derretida que puedan darte pistas específicas.

En el caso de las velas encapsuladas en vidrio, busca estas señales:

- Queda menos de 1/2 pulgada de cera: obtendrás los resultados que deseas.

- Queda más de 1/2 pulgada de cera: El hechizo solo funcionará parcialmente. La preparación o el ritual pueden haber sido incompletos o faltos de poder.

- Hollín blanco: Obtendrás un resultado positivo.

- Hollín negro en lo alto en el vaso: Hay barreras para tu objetivo, pero las superarás.

- Hollín negro bajo en el cristal: Hay barreras que pueden afectar seriamente el resultado de tu hechizo.

Si está usando una vela sin recipiente, busca estos signos:

- Anillo sin romper: Obtendrás los resultados deseados.

- Anillo roto: Puede haber dificultades o retrasos inesperados.

- Desigual: Las circunstancias están desequilibradas o son incompletas.

Conclusión

Existen innumerables formas de comunicarte con tus antepasados para adquirir conocimientos. Ya sea a través de las cartas del tarot, un mazo sencillo de cartas, el lanzamiento de huesos, el dominó o tu práctica particular, tienes el poder de acceder a una gran sabiduría que puede beneficiarte a ti y a las personas que te rodean.

Por algo la adivinación es una de las formas más populares de magia. Se basa en un profundo deseo humano de eludir la incertidumbre y ver lo que la vida nos tiene reservado. La otra cara de la moneda es que realizar adivinación para otras personas pone mucha responsabilidad en tus manos. Si la gente confía en ti para adivinar su futuro, debes ser honesto sobre tu experiencia, tus limitaciones y, lo que es más importante, sobre lo que te dicen los espíritus. Cualquiera puede decir a la gente lo que quiere oír. La televisión diurna está llena de charlatanes psíquicos estafadores que manipulan las emociones de la gente por dinero. La verdadera adivinación debería consistir en comunicar realidades espirituales honesta y abiertamente.

Capítulo 9

Hechizos para principiantes

Hemos repasado algunos hechizos para destacar cómo utilizar muchas de las herramientas del Hoodoo, pero ahora es el momento de entrar en el meollo del asunto. La hechicería puede parecer complicada cuando empiezas, pero aún así debería ser vigorizante. No importa qué problemas estés enfrentando, puedes abordarlos a través del Hoodoo.

Los hechizos en estos capítulos abordarán los problemas más comunes de la vida. Estos son todos los hechizos que se han transmitido y cambiado a través del tiempo. Déjate guiar por tu intuición. Es posible que quieras cambiar la proporción de ciertos ingredientes o cambiar algunos. Puede que quieras añadir algo al ritual o realizarlo en un momento específico. Esto está perfectamente bien, y sentirse cómodo haciendo estos pequeños cambios te ayudará a desarrollar la capacidad de crear hechizos que aborden tus circunstancias personales.

Bienestar Emocional Espiritual

No puedes ser un gran practicante de Hoodoo si no te cuidas.

Si sientes que tu estado emocional se interpone en el camino de tu práctica, utiliza estos hechizos para ayudarte a ser tu mejor versión.

Aumenta tu poder

Usa este hechizo para llenarte de energía espiritual y adentrarte en tu verdadero poder.

Necesitarás: Un vaso de leche de coco, una esponja sin usar, 2 cucharadas de azafrán y una vela blanca.

Paso uno: Enciende la vela y mira fijamente la llama sin pestañear mientras repites estas palabras: "*Aaayan lese wura. Wura lese aayan.* "

Paso dos: Prepara un baño caliente y vierte el azafrán y la leche de coco.

Paso tres: Sumérgete en el baño y frótate con la esponja sin usar mientras repites las palabras mágicas.

Encuentra la paz

Este hechizo te ayudará a alcanzar la paz, la claridad y a librarte de tus pensamientos negativos.

Necesitarás: 12 velas blancas

Paso uno: Realiza este hechizo bajo la luna llena. Coloca las velas en un círculo a tu alrededor.

Paso dos: Enciende las velas una por una. Al encender cada vela, di estas palabras "*Sub tuum praesidium confugimus, sancta, ne despicias in necessitatibus, sed a periculis cunctis libera nos semper, Virgo gloriosa et benedicta. Amén*".

Paso tres: Medita en el círculo. Mientras te bañas con la luz de las velas, siente como tus pensamientos negativos se derriten con ellas.

Poción de la felicidad

Esta poción te ayudará a llenarte de felicidad y a atraer las cosas que te alegran. Lo mejor es llevarla encima como amuleto. Ten cuidado al consumirla, ya que las agujas de pino pueden ser peligrosas para las mujeres embarazadas.

Necesitará: Una ampolla u otro recipiente sellado, diente de león seco y molido, 7 agujas de pino, 1 cucharada de orégano, 1 cucharada de tomillo y 1 cucharada de canela en polvo.

Paso uno: Coloca todos los polvos en la ampolla y séllala.

Paso dos: Arrodíllate mirando hacia el este y di el Salmo 7 sobre el frasco siete veces.

Riqueza y suerte

Estos hechizos no te ayudarán a conseguir un millón de dólares, pero pueden ayudarte a satisfacer tus necesidades y encontrar alegría y confort en tu vida. Cuanto más específicas y meditadas sean tus intenciones, mejor.

Atraer suerte

Este hechizo creará un poderoso amuleto para atraer la suerte donde quiera que vayas.

Necesitarás: Una pequeña bolsa de seda blanca, sal, un diente de ajo, perejil, cenizas de incienso y acceso a siete iglesias diferentes.

Paso uno: Coloca las hierbas, la sal y las cenizas en la bolsa.

Segundo paso: Lleva la bolsa a siete iglesias y sumérgela en el agua bendita de cada una de ellas. Cada vez que sumerjas la bolsa, reza esta oración: "Padre nuestro, que estás en los cielos, santificado sea tu nombre, venga a nosotros tu reino, hágase tu voluntad, así en la tierra como en el cielo, danos hoy nuestro pan de cada día, no nos dejes caer en la tentación y líbranos de nuestros enemigos que nos quieren mal. Amén".

Jarrón de prosperidad

Este jarrón traerá buena suerte a cualquier lugar donde se encuentre. Es un gran amuleto para tener cerca como recordatorio del poder espiritual que tienes a tu lado.

Necesitarás: Un palo de madera, un florero o jarrón de terracota, aceite santo, 3 monedas de plata, 7 clavos, 7 hojas de lavanda, 7 hojas de tomillo, 7 hojas de albahaca, 7 hojas de laurel, 7 hojas de romero, 3 velas doradas y 3 velas verdes.

Paso uno: Coloca las hierbas y monedas en el jarrón.

Paso dos: Cubre el contenido del jarrón con aceite.

Paso tres: Rodea el jarrón con las velas en alternando el orden de los colores y enciéndelas.

Paso cuatro: Revuelve el contenido del jarrón en sentido horario con el palo de madera mientras repites estas palabras siete veces: "*Paisa. Panam. Pecunia. Penz. Dirua.*"

Paso cinco: Mezcla el contenido del frasco con el palo de madera en sentido antihorario mientras repites estas palabras siete veces: "*Áurido. Arap. Znep. Manap. Asia.* "

Paso seis: Rompe el palo y ponlo en el jarrón. Deja que las velas se consuman y mantén el jarrón junto a una puerta o ventana.

Atraer dinero

Este hechizo te ayudará a absorber dinero donde quiera que vayas.

Necesitarás: una moneda de plata, una hoja de castaño y una vela blanca.

Paso uno: Realiza este ritual bajo una luna nueva. Enciende la vela y reza cinco Ave Marías y cinco Padrenuestros.

Paso dos: Envuelve la moneda en la hoja de castaño y repite

estas palabras diez veces: "Hoy es la luna, mañana es Marte. Mi destino, hermosa mía, no me dejes solo. Ven a mi encuentro, no me asustes, déjame descubrir la riqueza".

Paso tres: Deje que la vela se consuma y guarda la moneda y la hoja de castaño en tu bolsillo o en tu billetera.

Amor

Los hechizos de amor son un tema popular pero complicado. Los hechizos de amor son como el coqueteo. No obligarán a alguien a sentir algo por ti en contra de su voluntad. Sin embargo, pueden crear un ambiente propicio para que se forme un vínculo. Asegúrate de que conoces a la persona a la que estás hechizando. Trabajar un hechizo de amor irreflexivamente puede dejarte con una persona desagradable llamando obsesivamente a tu puerta. Tampoco debes lanzar hechizos de amor a personas que ya están comprometidas, especialmente si no estás listo para el subsiguiente conflicto en la relación.

Haz que piensen en ti

Este hechizo se asegurará de que estés siempre en los pensamientos de tu amor. Ya sea que quieras reavivar una relación o mostrarle a alguien por qué debería estar contigo, este hechizo puede traerte la atención que mereces.

Necesitaras: Un espejo sin usar, una vela blanca, tu fotografía, una fotografía de tu amor, y cinta adhesiva.

Paso uno: Pega la foto de tu amor en el espejo con la imagen mirando hacia la superficie reflectante.

Paso dos: Pega tu foto en la parte trasera del espejo.

Paso tres: Enciende la vela.

Paso cuatro: Sostén el espejo contra tu corazón y di estas palabras 49 veces: "Cada vez que veas tu reflejo pensarás en mí. *Thame. Skefteis*".

Paso cinco: Deja que la vela se consuma y guarda el espejo debajo de tu cama.

Muñecas Hoodoo de amor

Este es un poderoso uso de los muñecos Hoodoo para atraer a alguien y fomentar una relación romántica. Es importante que personalices tu muñeco tanto como sea posible. Dale el color de pelo, el color de ojos y la ropa adecuados, e incluye los taglocks que puedas. Aunque una foto o un papel de petición con su nombre son adecuados, el pelo, las uñas o los fluidos corporales los harán especialmente poderosos. También puedes incluir cualquier hierba o aceite que consideres útil.

Necesitarás: Tela rosada o roja, una vela rosada, tu taglock y cualquier material de manualidades que quieras para personalizar los muñecos.

Paso uno: Crea tus muñecos Hoodoo.

Paso dos: Purifica las muñecas Hoodoo con incienso y bautízalas dándoles sus nombres en tu altar.

Paso tres: Enciende tu vela y medita sobre tus muñecos Hoodoo hasta que alcances un estado de paz. Cuando te sientas en un estado de trance, pronuncia estas palabras en voz alta sobre los muñecos: "Ámame con todo tu corazón para que nunca nos separemos". Repite estas palabras hasta que te sientas satisfecho.

Paso cuatro: Recrea escenas románticas con los muñecos. Concéntrate en los resultados que deseas para la relación.

Paso cinco: Quinto paso: Cuando termines con la escena, envuelve los muñecos en tela blanca y guárdalos debajo de tu cama. Recrea las escenas cada vez que desees potenciar el hechizo.

Atrae el amor

Este hechizo te ayudará a atraer el amor, ya sea romántico, platónico o amor propio.

Necesitarás: Un marcador rojo, un trozo de papel, un colador, una cacerola, una botella de vidrio, 3 cucharadas de sal, 3 cucharadas de cacao en polvo, 3 vainas de vainilla, 3 fresas y agua de rosas.

Paso uno: Vierte las fresas, la sal, el cacao, las vainas de vainilla y el agua de rosas en la cacerola y hierve a fuego lento durante

30 minutos.

Paso dos: Escribe estas palabras en el papel: "Amor puro. Amor fuerte. Ábreme todas las puertas. Amor puro. Amistad fuerte. Que la suerte me sea favorable".

Paso tres: enrolla el papel y ponlo en la botella de vidrio.

Paso cuatro: Cuela la mezcla líquida y elimina los sólidos. Vierte el líquido en la botella de vidrio y ciérrala.

Paso cinco: Agita la botella mientras repites siete veces las palabras que has escrito. Lleva la botella contigo o úsala para ungirte.

Protección

Los hechizos de protección son increíblemente importantes para cualquier practicante de Hoodoo. El mundo es un lugar peligroso, y te arriesgas a sufrir serios daños cuando empiezas a lidiar con lo sobrenatural. Ya sean ataques de otros practicantes, el resultado del Mal de Ojo, o fuerzas negativas tratando de alimentarse de tu poder, es importante que te mantengas a salvo con un seto de protección espiritual.

Prevenir daños

Este hechizo es una forma fácil de mantener alejadas a las fuerzas destructivas. Puedes incluirlo como parte de tu rutina diaria, semanal o mensual.

Paso uno: Sal a un campo tranquilo y abierto al amanecer.

Paso dos: Repite estas palabras tres veces: "*Pater noster dei sanctorum. Maria bella angelorum.* Bella María dormida. Y el niño Jesús se le apareció en sueños. Querida, he soñado que al calvario te traían. Coronas de oro te han levantado y espinas te han plantado. Lo que dices es la verdad, respondió Cristo a tu madre. Y quien dice esto tres veces en un campo no teme al agua, al trueno y al relámpago".

Del mal de ojo

Este hechizo te ayudará a protegerte de las fuerzas malignas de aquellos que te miran con envidia. Este hechizo se usa cuando conoces a la persona que te está causando problemas a través de sus celos.

Necesitarás: Una olla de cobre, tres velas blancas, una foto de tu enemigo, sal, un diente de ajo, agua y aceite santo.

Paso uno: Coloca las velas alrededor de la olla de cobre. Enciéndelas una a una y di estas palabras cada vez: "Gloria al Padre, al Hijo y al Espíritu Santo. Como era en el principio, ahora y siempre, por los siglos de los siglos. Amén".

Paso dos: Agrega agua a la olla.

Paso tres: Frota la foto con el diente de ajo.

Paso cuatro: Pica el ajo. Añádelo a la olla junto con la sal y el aceite.

Paso cinco: Enciende la fotografía en la llama de la vela. Mientras arde, di estas palabras "Ajo, sal y aceite. Vete Mal de Ojo que no te quiero. Quema el Mal de Ojo. Roto está el encantamiento. En el nombre del Padre, del Hijo y del Espíritu Santo".

Paso seis: Agrega más sal y aceite en la olla.

Paso siete: A la mañana siguiente, echa el agua de la olla en agua corriente y reza tres Avemarías y tres Padrenuestros.

Fuego vete

Este hechizo te ayudará a eliminar algo específico de tu vida. Es particularmente útil cuando puedes identificar tu problema, pero te sientes impotente para hacer algo al respecto. Asegúrate de tener una visión clara de qué o quién es lo que quieres desterrar.

Necesitarás: Hojas de laurel, cáscara de cebolla blanca, hierba limón, cáscaras de maní, un marcador, un tazón y un fogón.

Paso uno: Haz un fuego afuera.

Paso dos: Escribe lo que quieres que desaparezca de tu vida en la hoja de laurel. Si quieres deshacerte de varias cosas, utiliza una hoja de laurel para cada cosa.

Paso tres: Coloca las hojas de laurel, la cáscara de cebolla, la hierba limón y las cáscaras de maní en el tazón; revuélvelas en sentido antihorario mientras repites estas palabras nueve veces: "Lo que he escrito, envíalo lejos para siempre".

Paso cuatro: Echa la mezcla al fuego y ten cuidado de no inhalar el humo.

Paso cinco: Deja que el fuego se apague y entierra las cenizas lejos.

Capítulo 10

Hechizos de magia negra

Los hechizos de magia negra son hechizos destinados a dañar a aquellos que desprecian las reglas de la justicia imparcial. Eso no significa que todos los que hacen magia negra sean malvados o intrínsecamente maliciosos. Hay muchas razones legítimas para querer dañar a alguien, ya sea para vengar una injusticia o para proteger a alguien. Por ejemplo, durante las protestas de Black Lives Matter de 2020, hubo muchas brujas de diversas prácticas trabajando juntas para echar maldiciones a los políticos. La capacidad de dañar es una de las habilidades más potentes de las que disponen los practicantes de magia.

Advertencia

No es posible exagerar respecto al riesgo de lanzar hechizos de magia negra frívolamente.

El primer riesgo es dañarte a ti mismo. Puedes perder tu moral si te sientes demasiado cómodo causando daño a la gente.

También podrías verte envuelto por energía negativa y entidades negativas. Puede que no merezca la pena hacer daño a los demás si no puedes enfrentarte al daño que te haces a ti mismo.

Un practicante inexperto a menudo carece de la concentración o la conciencia espiritual para manipular adecuadamente el poder de un hechizo de magia negra. La energía espiritual en bruto requiere mucho poder, conciencia y sabiduría para controlarla. Un hechizo de magia negra que se hace en un estado mental descontrolado o cuando se está abrumado por la pasión puede conducir a intenciones poco claras. Los efectos del hechizo podrían afectar a todas las personas que pasen por tu mente durante el hechizo, perjudicando a personas inocentes. También podría volver a ti.

También te arriesgas a ser víctima de tu propia maldición cuando maldices a otros practicantes de magia, especialmente a otros practicantes de Hoodoo. Si otro practicante se da cuenta de que estás tratando de maldecirlo, podría protegerse con un hechizo de Devolver al Remitente. Un practicante cuidadoso ya estará rodeado por un seto de protección, lo que significa que, incluso si no saben que vas tras ellos, tu maldición podría ser devuelta. Asegúrate de que tu poder espiritual es suficiente para vencerlos antes de intentar maldecir a otras personas espiritualmente intuitivas.

Consejos para protegerse

Si vas a practicar magia negra, primero debes asegurarte de estar siempre debidamente purificado. Realiza un ritual de limpieza tanto en ti como en tu casa para asegurarte de que tu mente está clara, no estás siendo influenciado por fuerzas negativas externas y estás seguro de tus objetivos. Después de ese ritual, deberías realizar otro ritual de limpieza para eliminar cualquier resto de energía negativa que pudiera estar persistiendo y pudiera afectarte.

Debes mantener los hechizos de protección. Rodea tu casa con amuletos de protección e incienso protector. Esta es una buena forma de utilizar la adivinación con velas, ya que puedes mantener una vela protectora encendida y prestar atención a su llama por si está tratando de advertirte de trabajos mágicos en tu contra. También debes lanzar hechizos protectores antes y después de lanzar un hechizo de magia negra. Si quieres que sea particularmente potente, utiliza un hechizo de protección Devolver al Remitente para que puedas obtener tu debida venganza si alguien intenta tomar represalias.

Necesitas asegurarte de que eres lo suficientemente fuerte para que tus hechizos tengan éxito y tengan éxito con poder. Si tu hechizo es débil, es probable que tu enemigo descubra que estás trabajando en su contra sin causarle daño. Puedes aumentar tu poder usando los ingredientes más potentes. No eches hierbas y aceites al azar en un hechizo, ya que pueden actuar unos contra otros. Combina los ingredientes intencionadamente para que se complementen entre sí.

Sobre todo, comunícate con tus antepasados y deidades. Ellos te dirán cuándo estás en peligro, cuándo estás actuando incorrectamente, cuándo necesitas buscar otro camino, etc. No puedes actuar solo como practicante de Hoodoo. El poder que ejerces es un poder prestado, por lo que necesitas comunicarte honestamente con los que te lo prestan.

Maldición Macumbera

Este hechizo ayudará a causar dolor y discordia en la vida de una persona.

Necesitarás: 11 clavos oxidados, una vela negra, un sobre negro, tierra de cementerio y una foto de tu enemigo.

Paso uno: Realiza este hechizo bajo una luna menguante. Coloca la foto de tu enemigo y los clavos oxidados en el sobre y ciérralo.

Paso dos: Ve a un cruce de caminos justo antes de la medianoche y entierra el sobre.

Paso tres: Enciende la vela negra y sostenla en tu mano izquierda mientras repites estas palabras 11 veces: *"Adja gbe o. Kutu adja gbe o."*

Paso cuatro: Apaga la vela y pégala boca abajo encima de donde enterraste el sobre. Cuando regreses a casa, no mires hacia atrás.

Sepáralos

Este hechizo secará el amor entre dos personas sin drama. Si quieres hacer la ruptura complicada y dolorosa, puedes incluir un polvo de maldición en este ritual. Este hechizo se utiliza a menudo cuando quieres estar con alguien que ya está en una relación o todavía está apegado a su ex.

Necesitarás: Un pimpollo rojo, arena, sal, alfileres, fósforos quemados, un frasco, un marcador y un trozo de papel.

Paso uno: Vierte partes iguales de arena y sal en un bol y añade los fósforos gastados.

Paso dos: Escribe el nombre de los dos integrantes de la pareja uno encima del otro en el papel.

Paso tres: Dobla el papel y colócalo en los pliegues del pimpollo. Perfora el pimpollo con los alfileres.

Paso cuatro: Vierte la sal, la arena y los fósforos en un frasco y coloca el pimpollo encima.

Paso cinco: Sella el frasco y entiérralo en un cementerio.

Seducir a un hombre

Este hechizo te ayudará a vencer y doblegar el espíritu de tu enemigo. Es particularmente útil si estás en una batalla de voluntades y quieres que se someta a ti.

Necesitarás: Incienso de jazmín, 7 velas rojas y una fotografía del objetivo.

Paso uno: Quítate toda la ropa.

Paso dos: Crea un círculo de velas a tu alrededor y enciéndelas una a una mientras repites estas palabras cada vez: "En el nombre de Alecto, Megara y Tisiphone. Hágase mi voluntad. Hágase tu voluntad. Por un alma y un cuerpo. Por un cuerpo y un alma. Hágase mi voluntad. Hágase tu voluntad".

Paso tres: Enciende el incienso. Sostén la fotografía mientras repites estas palabras treinta veces: "Por Alecto, me obedeces. Por Megara, me obedeces. Por Tisífone, me obedeces". Cada vez que repitas las palabras, pronúncialas con más fuerza e intensidad. Visualiza al objetivo sometiéndose a ti.

Paso cuatro: Deja que las velas se consuman y guarda la foto debajo de tu cama.

Conclusión

En estos tiempos en los que cada vez más gente negra está aprendiendo sobre su verdadera herencia, en particular sobre cómo se la robaron, no es de extrañar que cada vez más gente se sienta atraída por el Hoodoo. El Hoodoo llena un profundo vacío en el corazón de muchas personas de la diáspora africana. En un mundo que intenta oprimirnos y quitarnos poder, el Hoodoo nos da poder sobre nuestro destino y la capacidad de habitar nuestra verdadera fuerza y poder sin miedo. El Hoodoo nos da la resiliencia para existir y prosperar en este mundo cruel. Nos da el poder de curar nuestras heridas y las de los que nos rodean, de construir una comunidad fuerte sin tener que depender de personas ajenas a nuestra cultura.

Por último, y más profundamente, el Hoodoo nos conecta con nuestros antepasados. Cuando practicamos Hoodoo, cumplimos los deseos de nuestros antepasados. Todo su sufrimiento, todo el dolor con el que tuvieron que lidiar, toda la barbarie a la que sobrevivieron, sucedió para que pudiéramos vivir en este momento. Cuando practicamos Hoodoo, demostramos a nuestros antepasados que sus sacrificios no fueron en vano. Aunque no tengamos fotos, reliquias, o incluso registros de nuestros antepasados, tenemos el Hoodoo y a través de eso, su sabiduría nunca morirá.

De todas formas, si eliges practicar como conjurador, ya sea como un yerbatero hecho y derecho o si simplemente tienes un altar al que rezas una vez al día, mi esperanza con este libro es que te guíe hacia una vida más plena espiritualmente. Siempre has tenido el poder, y ahora tienes el conocimiento para hacer cosas asombrosas.

Gracias

"La felicidad surge de hacer el bien y ayudar a los demás". –
Platón

Aquellos que ayudan a los demás sin ninguna expectativa, a cambio experimentan más satisfacción, tienen mayores niveles de éxito y viven más tiempo.

Quiero crear la oportunidad para que lo hagas durante esta experiencia de lectura. Para ello, tengo una pregunta muy sencilla... Si no te costara dinero, ¿ayudarías a alguien que nunca has conocido, aunque nunca recibieras crédito por ello? Si es así, quiero pedirte un favor en nombre de alguien a quien no conoces y probablemente nunca conocerás. Son como tú y como yo, o quizás como eras tú hace unos años... Menos experimentados, llenos de ganas de ayudar al mundo, buscando buena información pero sin saber dónde buscar... aquí es donde puedes ayudar. La única manera para nosotros en Dreamlifepress de cumplir nuestra misión de ayudar a la gente en su camino de crecimiento espiritual es, primero, llegar a ellos. Y la mayoría de la gente juzga un libro por sus reseñas. Así que, si has encontrado este libro útil, ¿podrías por favor tomarte un momento ahora mismo para dejar una reseña honesta del libro? No te costará nada y te llevará menos de 60 segundos. Tu reseña ayudará a un desconocido a encontrar este libro y a beneficiarse de él.

Una persona más encuentra la paz y la felicidad... una persona más puede encontrar su pasión en la vida... una persona más experimenta una transformación que de otra manera nunca habría sucedido... Para hacer eso realidad, todo lo que tienes que hacer es dejar una reseña. Si estás en audible, haz clic en los tres puntos de la parte superior derecha de tu pantalla, califica y reseña. Si lo lees en un e-reader o kindle, desplázate hasta la parte inferior del libro, desliza el dedo hacia arriba y te pedirá una reseña. Si esto no funciona, puedes ir a la página del libro en Amazon o en la tienda donde lo hayas comprado y dejar una reseña desde esa página.

PD - Si te sientes bien ayudando a una persona desconocida, eres mi tipo de gente. Estoy emocionada por continuar ayudándote en tu camino de crecimiento espiritual.

PPD - Un pequeño truco práctico: si presentas algo valioso a alguien, naturalmente asociará ese valor contigo. Si crees que este libro puede beneficiar a alguien que conoces, envíaselo y crea buena voluntad. De todo corazón, gracias.

Tu mayor admiradora – **Layla**

Referencias

Una lista completa de hierbas y sus usos mágicos. (s.f.). La Escuela de Brujas Ahorrativas; Shopify. Consultado el 16 de mayo de 2022 en https://coven.thethriftywitch.com/pages/magickal-uses-of-herbs

Anderson, L. A. (30 de noviembre de 2013). *18 suplementos herbales con interacciones medicamentosas riesgosas.* Drugs; Drugs.com. https://www.drugs.com/slideshow/herb-drug-interactions-1069

Beyer, C. (8 de mayo de 2019). *¿Qué es la magia popular?* Learn Religions; Dotdash Meredith. https://www.learnreligions.com/folk-magic-95826

Burke, N. (2022, 4 de marzo). *La guía definitiva para cultivar hierbas • Gardenary.* Gardenary; Gardenary Inc. https://www.gardenary.com/blog/the-ultimate-guide-to-growing-herbs

Elias, S. (2 de marzo de 2019). *Cómo construir un altar de antepasados.* Crescent City Conjure; Crescent City Conjure. https://crescentcityconjure.us/blogs/city-of-conjure/how-to-build-an-ancestor-altar

Doctor Hawk. ¡¡¡*Fórmulas hoodoo gratis!!!* (2014, 2 de octubre). Doctor Hawk's Conjure Kitchen.

http://doctorhawk.blogspot.com/2014/10/free-hoodoo-formulas.html

Equipo editorial de Healthline. (2018, 30 de enero). *Medicamentos controlados y productos herbales no se mezclan*. Healthline; Healthline Media. https://www.healthline.com/health-news/herbal-drugs-prescription-drugs-don't-mix#:~:text=According%20to%20the%20report%2C%20herbals

Hoodoo (espiritualidad). (2022, 30 de abril). Wikipedia. https://en.wikipedia.org/wiki/Hoodoo_(espiritualidad)#Conjuring_the_spirit_of_High_John

Magia de velas Hoodoo. (2020, 18 de agosto). Hoodoo Magic Spells. https://Hoodoomagicspells.com/Hoodoo-candle-magic/

Lipford, D. (2011, 18 de mayo). *Hierbas anuales y perennes para tu jardín*. Today's Homeowner; Today's Homeowner Media. https://todayshomeowner.com/annual-and-perennial-herbs-for-your-garden/

Mark, J. J. (2016, 14 de abril). *Dioses egipcios - La lista completa*. Enciclopedia de Historia Mundial; World History Publishing. https://www.worldhistory.org/article/885/egyptian-gods---the-complete-list/

Moone, A. (2021, 17 de noviembre). *Cómo hacer brujería: Receta de polvo de pies calientes*. Plentiful Earth; Plentiful Earth. https://plentifulearth.com/hot-foot-powder-recipe/

Qedavathegrey. (2015, 1 de junio). *Adivinación con naipes*. Madre Mysterior; Tumblr. https://qedavathegrey.tumblr.com/post/122201643738/divination-with-playing-cards

Ransom, J. (2021, 17 de mayo). *8 cosas que debes saber antes de cultivar tus propias hierbas*. Food52. https://food52.com/blog/26194-gardening-lessons-from-herb-a-cooks-companion

SCAS. (22 de abril de 2019). *La conferencia SCAS 2019 ya está abierta para la inscripción*. SCAS. http://scas.org.uk/wp-content/pages/voodoo-love-spells.html

Tiempo de hechizo: Momentos del día para lanzar y manifestar. (2020, 30 de abril). Oráculo de otro mundo; Mediavine Home. https://otherworldlyoracle.com/spell-timing-times-day/

El grimorio pagano. (2020, 2 de abril). *Significados del color de las velas: Una guía para la magia del color*. El grimorio pagano; Mediavine Home. https://www.pagangrimoire.com/candle-color-meanings/

Wigington, P. (3 de noviembre de 2019). *Los 8 dioses vudú más importantes*. Learn Religions; Dotdash Meredith. https://www.learnreligions.com/voodoo-gods-4771674

www.ingramcontent.com/pod-product-compliance
Lightning Source LLC
Chambersburg PA
CBHW062319120626
46546CB00013B/2110